H.P.

Kaiser — Tennis und andere Nebensachen

Ulrich Kaiser

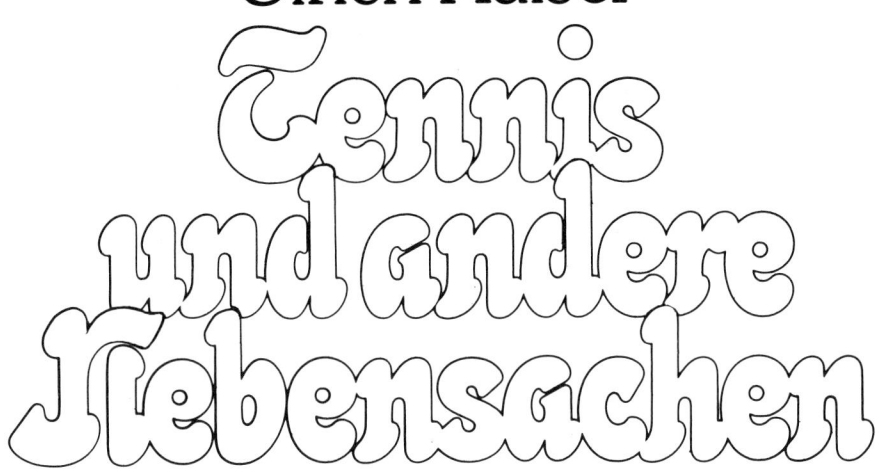

Tennis und andere Nebensachen

Über das Phänomen
von Herrn Kaludrigkeit und seine Bedeutung
für die tieferen Werte des Sports

Limpert

Zeichnungen: Klaus Sperber, Wiesbaden

1. Auflage 1983
Copyright by Limpert Verlag GmbH, 6380 Bad Homburg
Alle Rechte vorbehalten
Gesamtherstellung: Wiesbadener Graphische Betriebe GmbH,
6200 Wiesbaden
Printed in Germany
ISBN 3-7853-1424-8

Inhalt

Kein richtiges Vorwort

Nein — nicht nur Tennis: Sport insgesamt ist Nebensache. Einer, der schnell läuft, der über einen gewaltigen Vorhandschlag verfügt, der einen Ball links oben in den Winkel bugsiert, der den besten rechten Haken schlägt — solche Leute tragen weder zur Erhöhung des Bruttosozialprodukts noch zum Abbau der Arbeitslosenzahlen bei, und deshalb ist das, was sie tun, eine Nebensache.

Partygespräch: „Ach nein, wirklich? Sie schreiben über Sport? Interessant! Ich kümmere mich ja überhaupt nicht um so 'was, aber selbstverständlich habe ich früher auch manchmal... — na, Sie verstehen schon. Aber wenn Sie schon ein Experte sind — was halten Sie denn davon, daß man den Trainer gefeuert hat?" Anschließend erfährt man dann, daß ein Fußball-Lehrer entlassen worden ist, was mit Sport so viel zu tun hat wie ein umgefallenes Fahrrad in Hongkong. Das Schlimme am Sport ist, daß die, die es angeht, ihn so ernst nehmen, daß es schon wieder lächerlich ist — das Schlimme am Sport ist aber auch, daß die, die es nicht angeht, sich einer ebenso lächerlichen Ignoranz befleißigen.

Dann ist da auch noch jenes augenzwinkernde Pseudo-Bonmot, in dem es heißt, es handele sich beim Sport um die wichtigste Nebensache: Ein schulterklopfender Widerspruch, der sich intelligent anhört, aber nur plumpe Vertraulichkeit suggeriert, kein Vertrautsein.

Aber was denn nun wirklich? Ganz ehrlich: Ich weiß es nicht! Nebensache ist sicherlich falsch — gesetzt den Fall, jeder Fünfte des Landes würde Rosen züchten oder Zinnfiguren bemalen, könnte man dann noch von einer Nebensache sprechen? Oder sollen wir das Ganze einmal umdrehen, und von einer unwichtigen Hauptsache sprechen? Für die Rosenzüchter und Zinnfigurenmaler trifft das wohl zu.

Zum Beispiel dieser Band: Vielleicht verbindet er die Lächerlichkeit der blinden Fans mit der Lächerlichkeit der blinden Ignoranten, indem er die Bedeutung des Herrn K. für die tieferen Werte des Sports endlich ans Tageslicht zerrt. Das wäre schön. Weiteres zu dem Phänomen dieses Mannes ist aus dem kurzen Schlußkapitel zu erfahren. Das, was dazwischen steht, gehört zu den Nebensachen.

Das Phänomen Kasimir K.
oder
Die beste Sprinterin
des Dreißigjährigen Krieges

Um die Bedeutung eines Menschen wie Kasimir Kaludrigkeit für die tiefen Werte des Sports völlig zu verstehen, sind nähere Erläuterungen unbedingt erforderlich. Es war zum Beispiel niemand anders als Kaludrigkeit, der im Juni 1938 als Sekundant des Braunen Bombers Joe Louis dafür sorgte, daß im Kampf mit dem Deutschen Max Schmeling ein handlicher Kieselstein in den Handschuh des Amerikaners deponiert wurde. Diese Tat entsprach zwar nicht unbedingt den fairen Regeln der edlen Kunst des Faustfechtens — sie verzögerte aber den Ausbruch des zweiten Weltkrieges um immerhin fünfzehn Monate, da seinerzeit längst bekannt war, daß ein deutscher Boxweltmeister aller Klassen dem Reich einen solchen Prestigegewinn verschafft hätte, daß die sofortige Fortsetzung der Politik mit anderen Mitteln eine logische Folge gewesen wäre. Kasimir Kaludrigkeit besaß zu jener Zeit außerdem persönliche Gründe, dem Lande zwischen Köln und Königsberg eine gewisse Antipathie entgegenzubringen: Wenige Jahre zuvor vermochte er nicht den Beweis zu erbringen, daß eine welsche Vorfahrin namens Irimgard Sanftschlaf tatsächlich arischer Abstammung gewesen sei, worauf man ihm in einer Diskussion im Wirtshaus zum ,Raben' seines Heimatortes Muschkaken (Ostpreußen) nahelegte, das Land zu verlassen. Obgleich es mit dieser Geschichte kaum etwas zu tun hat, ist der Vollständigkeit halber zu erwähnen, daß bei dieser Diskussion im ,Raben' der gesamte Glasbestand des Hauses, ein komplettes Porzellanservice der Marke Königsberger Porzellan für sechsunddreißig Personen (es wurde fast ausschließlich für Beerdigungen benutzt), achtzehn Stühle, vier Tische, dreiundzwanzig Flaschen Danziger Goldwasser und das Nasenbein von Kasimir Kaludrigkeit zu Bruch gingen. Kasimir Kaludrigkeit, dem eine gewisse Sensibilität nicht abzusprechen war, fühlte sich vor allem wegen des Goldwassers sehr gekränkt. Nachdem er aus seiner Bewußtlosigkeit im Kreiskrankenhaus Insterburg erwachte, gab er allerdings an, den Zweifel an der Reinrassigkeit seiner Urahne Irimgard Sanftschlaf nicht länger ertragen zu können — er zöge

8

daraus seine Konsequenzen und werde auswandern. So also war Kaludrigkeit nach Amerika gekommen, wo ihn das verwegen verheilte Nasenbein schnell mit Freunden des Boxsports zusammenbrachte.

Was jene Vorfahrin anbetrifft, so war es ein offenes Geheimnis in Muschkaken (Ostpreußen) und den umliegenden Ortschaften, daß sie etwa dreihundert Jahre zuvor in der Tat ein Leben geführt hatte, welches als liederlich zu bezeichnen kaum in Abrede zu stellen ist. Man sagte nämlich jener Irimgard Sanftschlaf nach, daß sie im letzten Drittel des Dreißigjährigen Krieges auf Grund hervorragender Informationen immer den erfolgreichen Heeren vorausgereist sei. Wenn diese dann müde eintrafen, hatte sie bereits ein gastliches Haus vorbereitet, in dem die abgeschlafften Krieger ein warmes Bett und liebenswürdigste Unterhaltung vorfanden, wodurch sie auf das Hurtigste wieder neue Kräfte für die gewaltigsten Schlachten zu sammeln imstande waren. Die Strategie der schnellen Verlegung ihres ambulanten Etablissements brachte der Irimgard Sanftschlaf bald den Ruf einer Expertin für Blitz-Bordelle ein – ein Begriff, der viel später ihrem Ururenkel Kasimir Kaludrigkeit unter der Abwandlung Blitzkrieg stark zu denken gab.

Um es deutlicher auszudrücken: Irimgard Sanftschlaf galt zwischen 1638 und 1648 (Friede zu Münster) als die beste Sprinterin des dreißigjährigen Krieges; sie wurde während dieses Jahrzehnts nie geschlagen. Nach Muschkaken (Ostpreußen) kam sie kurz vor Ostern des Jahres 1648 im Zustand des gesegneten Leibes, wobei man zu ihrer Ehre sagen muß, daß sie sich über den Verursacher dieses Umstandes nie abfällig äußerte. Im Gegenteil: Sie erklärte einmal während einer Silvesterfeier in einem Vorläufer des Wirtshauses zum ‚Raben‘, daß sie – als Kornett verkleidet – einem hohen Herrn aus Schweden beigewohnt habe, der mit ziemlicher Wahrscheinlichkeit der König gewesen und bald darauf ums Leben gekommen sei. Gewisse Zweifel an dieser Darstellung sind aber angezeigt, da nach allen bekanntgewordenen Geschichtsschreibungen ein populärer schwedischer König zu diesem Zeitpunkt bereits sechzehn Jahre tot war. Es ist also in der Tat nicht auszuschließen, daß hier eine Lücke im sonst lückenlosen Stammbaum des Kasimir Kaludrigkeit bestand – eine Mißlichkeit, die in Muschkaken (Ostpreußen) zu Beginn der dreißiger Jahre mehr Ablehnung hervorrief als dreihundert Jahre zuvor.

Damals hatte die ambulante Sprinterin Irimgard Sanftschlaf im Hause des Fischers und Hufschmieds Kallu Drigkeit freundliche Aufnahme gefunden. Drigkeit genoß einiges Ansehen wegen seiner beruflichen Fähigkeiten, woran auch eine geringe Verwachsung an der Schulter keinen Abbruch tat. Er galt allgemein als verträglicher Mensch, was auch auf seine Wortkargheit zurückzuführen war; einer, der nichts redet, kann ja auch mit niemanden Krach bekommen. Kallu Drigkeit soll einmal – so ging die Sage – vom

Weihnachtsfest bis zur Ernte im darauffolgenden Jahr kein einziges Wort gesprochen haben. Dann kam ihm morgens um Vier am nahegelegenen Flüßchen ein armstrammer Aal abhanden – das glibbrige Vieh entwand sich den Fingern Drigkeits und schlüpfte mit leisem Plätschern zurück in die Fluten, worauf dieser laut Scheißluder rief. Irimgard Sanftschlaf hatte die Nacht in einem nahen Gebüsch verbracht und fühlte sich durch diesen spontanen Ausruf persönlich angesprochen. Auf diese Weise lernte sie Kallu Drigkeit kennen. Nachdem sie ihm geraten hatte, vor dem Griff an einen Aal die feuchten Hände in den Sand zu stecken, weil sandige Hände bei glibbrigen Aalen einen besseren Griff zulassen, sagte Drigkeit, sie sei ein Klugscheißer. Irimgard Sanftschlaf empfand diese Äußerung als liebevolle Aufforderung, und als Kallu Drigkeit bei Sonnenaufgang heimging, um anschließend die Ernte in Angriff zu nehmen, folgte sie ihm in einem höflichen Abstand von etwa fünfzehn Metern. Vielleicht war es diese Zurückhaltung, die den Fischer und Hufschmied zu Muschkaken (Ostpreußen) beein-druckte: In der Schmiede angekommen, ließ er seinen Blick über die auch durch die unübersehbare schwellende Leibesfrucht kaum beeinträchtigte Stattlichkeit der Irimgard Sanftschlaf schweifen und sagte: „Kannst bleiben!" Man muß hier allerdings einfügen, daß es zu jener Zeit sehr schwer war, genügend Leute für die Ernte zu bekommen.

Das Kind kam Ende November zur Welt und war ein Sohn, dem sie den Namen Kasimir gaben. Obgleich sich jedermann an neun Fingern ausrechnen konnte, daß der Fischer und Hufschmied in Muschkaken (Ostpreußen) kaum als Vater des Jungen in Betracht zu nehmen war, nannten ihn die Nachbarn überall ‚dem Kallu Drigkeit sein Kasimir' – was übrigens auch für eine außerordentlich tolerante Lebensauffassung spricht, die drei Jahrhunderte später etwas abhanden gekommen war. Kallu Drigkeit verursachte der statt-lichen Irimgard Sanftschlaf in regelmäßigen Abständen insgesamt sechsund-zwanzig Kinderchen, von denen achtzehn überlebten und während der Ernte eine gute Hilfe darstellten. Geredet hat Kallu Drigkeit allerdings kaum mehr. Seine weitaus gesprächigere Lebensgefährtin Irimgard plachanderte allerdings aus, daß ihr Kallu die Zeugungsvorgänge jeweils mit einem zärt-lichen ‚mein Flunderchen' abschloß, womit ja auch alles gesagt ist.

Diese etwas ausführliche Darstellung war unbedingt erforderlich, um Kasimir Kaludrigkeit zu verstehen, wenn er im Juni 1938 einen Kieselstein in den Handschuh von Joe Louis deponiert – eine Manipulation, an der den Braunen Bomber natürlich nicht die geringste Schuld trifft. Der Name Kasi-mir Kaludrigkeit ist mit den großen Sternstunden des Sports aber auch in anderen Zusammenhängen auf das engste verbunden – eventuell ist das auf ein Erbteil zurückzuführen, welches seine Ursprünge in der Urmutter Irimgard hat, die ja als beste Sprinterin im letzten Drittel des Dreißigjährigen

Krieges einen hohen Ruf besaß, sowie in einem unbekannten Urvater, der, wenn schon kein schwedischer König, so doch ein schneidiger Reiter gewesen sein könnte.

Beim Studium der Annalen des Sports kommt der gründliche Forscher nämlich zu der sensationellen Entdeckung, daß Kasimir Kaludrigkeit oft unter der Benutzung abenteuerlicher Pseudonyme überall dort eine entscheidende Rolle spielte, wo die Sportwelt den Atem anhielt. So findet sich beispielsweise im Protokoll der Niederlegung der Fußballregeln im Jahre 1862 an der englischen Universität Cambridge die Unterschrift eines gewissen Keith Kaludri, in dem wir unschwer Kaludrigkeit identifizieren. Wie es heißt, soll Kaludri großen Anteil an der Formulierung der Abseitsregel gehabt haben. Nur zehn Jahre später finden wir einen Mann namens Sam Driluka im Südwesten Londons, wo er im Vorort Wimbledon als Platzwart eines Vereins fungiert, der den Croquet-Sport pflegt; der gleiche Sam Driluka erscheint dann auch als stellvertretender Kassenwart, nachdem dieser Verein eine Tennisabteilung ins Leben ruft. Erwähnung gebührt Driluka in diesem Zusammenhang wegen seines selbstlosen Einsatzes bei der Festlegung der Netzhöhe, die – wie jedermann weiß – dieses Spiel nicht unwesentlich beeinflußt.

In Frankreich taucht ein gewisser Asim Aludri gegen 1890 als Gärtner des Barons de Coubertin auf. Aludri erringt sich durch die schwungvolle Anlage der Blumenrabatten und den straffen Schnitt immergrüner Hecken sehr schnell das Vertrauen des Barons. Nach Feierabend unterhalten sich Asim und der Hausherr – sein Vorname ist Pierre – lange über die darniederliegende Moral der jungen Leute, wobei Asim Aludri eines Tages die Rede auf die Schriften des griechischen Philosophen Rimis Tiekgirdulak bringt. Dieser in der weiten Öffentlichkeit weithin unbekannt gebliebene Denker war in selbst auferlegter Einsamkeit zu dem Schluß gekommen, daß vor allem die Langeweile als demoralisierendes Phänomen zu betrachten sei; er hatte die Forderung gestellt, eine neue Religion zu erfinden, zumindest aber eine Revolution. Pierre de Coubertin und sein Gärtner Asim Aludri waren von dieser Möglichkeit geradezu begeistert, und da der Baron über einigen Einfluß in der Gesellschaft verfügte, proklamierte er als Kompromiß zwischen Religion und Revolution die modernen Olympischen Spiele. Asim Aludri, der eigentlich als Vater dieser Idee zu bezeichnen ist, befleißigte sich hier, wie auch bei allen anderen Gelegenheiten, einer Zurückhaltung, die auf einen sehr vornehmen Charakter schließen läßt. Es ist allerdings zu bezweifeln, ob ein Gärtner ein ähnlich weltweites Echo gefunden hätte, wie es dem Baron zuteil wurde.

Die Gegenwart von Kasimir Kaludrigkeit ist nach eindringlicher Befragung von Zeugen auch bei vielen anderen Geschehnissen nachzuweisen. Im Sommer 1956 tauchte in den Stallungen der olympischen Reiterwettkämpfe zu Stockholm ein Helfer namens Anton Alukeit auf, in dem wir wieder unschwer Kaludrigkeit erkennen. Dieser Mann fiel einer Wache auf, wie er zu nächtlicher Stunde der deutschen Stute Halla geheimnisvolle Formeln ins Ohr flüsterte — auf die Frage nach seinem Tun behauptete er, lediglich Beruhigendes gesagt zu haben. Aber wie man weiß, trug die Stute am nächsten Tag einen schwer verletzten Reiter fehlerlos ins Ziel, obgleich dieser Reiter kaum mehr dazu tat als ein gefüllter Kartoffelsack. Die Legende dieses gewaltigen Ritts gehört noch heute zu jenen Geschichten, die in diesen Kreisen immer wieder gerne erzählt werden — Anton Alukeit wird dabei aber nie erwähnt.

Die verschiedenen Namen, unter denen Kasimir Kaludrigkeit auftrat, zeugen trotz aller Vielseitigkeit von einer nicht übersehbaren Einfallslosigkeit, da sie sich immer wieder aus Verdrehungen von Silben und Initialen ergeben, aus denen sich Kasimir Kaludrigkeit zusammensetzt. Bei den Nachforschungen zum Phänomen des allgegenwärtigen Kaludrigkeit ergab sich sogar die erstaunliche Tatsache, daß er selbst vor Verkleidungen nicht zurückschreckte, die ihn als kraftstrotzendes Weib präsentierten. Im Sommer 1936 etwa hatte sich in Berlin eine angebliche Dame niedergelassen, der man ein Gewerbe nachsagte, welches jenem der bereits erwähnten Irimgard Sanftschlaf nicht unähnlich war. Sie nannte sich Ula Rimisak und war dem Vernehmen nach aus dem ostpreußischen Ort Willpischken angereist, um die Konjunktur der Olympischen Spiele zu nutzen. Wie verschiedene Teilnehmer der amerikanischen Leichtathletikmannschaft sich noch zu erinnern glauben, sei während des Trainings eine außerordentlich stattliche Frau aufgetaucht — eben jene Ula Rimisak —, die alsbald die Aufmerksamkeit des ebenso schlanken wie schnellen Negers Jesse Owens erregte. Veteranen dieses Sportfestes wissen zu berichten, daß Jesse Owens und Ula Rimisak des öfteren miteinander plauderten, wobei Fräulein Rimisak von einer Urahne berichtete, die ebenfalls einen Ruf als hervorragende Sprinterin genossen habe. Über diesen gemeinsamen Gesprächsstoff hinaus sei es allerdings zu keinen Berührungen gekommen. Ein Trainer, der kürzlich als pensionierter Fensterputzer des Empire State Building verstarb, glaubte sich allerdings daran zu erinnern, daß Ula Rimisak dem ansehnlichen Owens ihre Gunst unter der Bedingung versprach, wenn er drei Goldmedaillen gewänne und es ablehnen würde, einem schnauzbärtigen Knallkopp auf der Tribüne, der sich als Politiker ausgab, die Hand zu schütteln. Wie heute nachzulesen ist, erfüllte Jesse Owens diese Bedingungen — wie nicht nachzulesen ist, tat er es, weil ihm in allen Träumen Ula Rimisak als begehrenswertes Ziel vor Augen schwebte. Als er dann unter der angegebenen Adresse zu spätabendlicher Stunde klingelte, erfuhr er von einer Nachbarin, daß das Fräulein

Rimisak wegen eines Todesfalles rasch habe nach Willpischken zurückreisen müssen. Owens fuhr nach Ende der Olympischen Spiele unverrichteter Dinge heim und reagierte viele Jahre außerordentlich unfreundlich, wenn man ihn auf diese Begebenheit ansprach.

Bis in die nahe Vergangenheit gab es kaum eine größere Sportveranstaltung, bei der Kasimir Kaludrigkeit nicht in irgendeiner Weise seine Finger im Spiel hatte. Im umfangreichen Clan des Boxers Cassius Clay, der sich später Muhammad Ali nannte, betätigte er sich als Eintänzer diverser Damen in diversen Städten, wobei er den Namen Kasi Mirka bevorzugte. Mit besonderer Liebe umgab er jahrelang den schwedischen Tennisspieler Björn Borg; als Karsten Krigk hatte er zunächst die für einen Topspinschlag typischen ballistischen Flugbahnen des Tennisballs berechnet und anschließend seine Erkenntnisse so geschickt unter das Trainingsprogramm geschoben, daß Borg nichts anderes mehr lernen mochte. Als Krigk bemerkte, daß sein Schützling aber kaum noch Interesse für andere Schläge besaß, zog er seine Hand von ihm zurück, was Björn Borg bewog, bereits im Alter von knapp 27 Jahren seine Karriere zu beenden.

Wir finden Kasimir Kaludrigkeit übrigens auch 1968 in Grenoble, wo er bei den alpinen Skirennen der Herren mehrere Nebelgranaten zündet, die letzten Endes für das Scheitern des österreichischen Teilnehmers Karl Schranz verantwortlich sind – als Schranz es trotzdem versucht, wird er auf der Piste von einem Helfer behindert, der erst viel später als ein gewisser Karl L. Drigkeit identifiziert wird. Die Antipathie zu Schranz, deren Ursprung sich nicht recherchieren ließ, führte vier Jahre später in der japanischen Stadt Sapporo so weit, daß Kaludrigkeit als Karl L. D. Keith den Präsidenten des Internationalen Olympischen Komitees aufsucht und diesen mit Erfolg davon überzeugt, daß das Tragen eines T-Shirts, welches mit dem Namen einer Kaffeefirma bedruckt ist, völlig dazu ausreicht, ihn zu disqualifizieren. Der Präsident, ein aufrechter Mann namens Avery Brundage, erlag diesen Einflüsterungen und durfte nie mehr nach Österreich einreisen.

Selbstverständlich war Kaludrigkeit auch 1966 in Rom dabei, als man die Olympischen Spiele 1972 mit nur einer Stimme Mehrheit (von wem war sie wohl??!) nach München vergab. Er arbeitete später als Faktotum im Architekturbetrieb von Professor Behnisch, wobei er die nach einem Betriebsfest zufällig im Papierkorb gelandete Strumpfhose einer vielseitigen Mitarbeiterin so gekonnt über mehrere aufgestellte Bleistifte spannte, daß der geniale Architekt darin sofort die grandiose Form des Zeltdachs erkannte, die sich heute als markantes Wahrzeichen über das ehemalige Münchner Flughafengelände auf dem Oberwiesenfeld zieht.

Nicht einwandfrei nachzuweisen war die Gegenwart Kaludrigkeits auf dem Mount Everest, als der bekannte Tiroler R. Messner dort oben ohne Sauerstoffflasche ankam; es gehen aber Gerüchte, daß Kaludrigkeit dort oben in Gestalt des Sherpa Imi Igke einen ordentlichen Sauerstoffvorrat zur Labung bereit hatte — die Gerüchte bestätigen allerdings nicht, ob R. Messner auch tatsächlich davon Gebrauch machte. 1954 in Bern aber wird Kaludrigkeit einwandfrei als Richard Eiter nachgewiesen, der als Geist von Spiez sein Wesen trieb und die Kameradschaft der deutschen Fußballspieler vor allem dadurch aufbaute und stützte, daß er den Männern alle Verse des Liedes Hoch-auf-dem-gelben-Wagen beibrachte. 1974 war Kaludrigkeit nicht bei der deutschen Nationalmannschaft, weil er mit verschiedenen Vorbereitungen für die Olympischen Spiele 1976 in Montreal beschäftigt war.

Hier muß man zugeben, daß Kasimir Kaludrigkeit zwei bedauerliche Rückschläge seiner Arbeit erlebte, die ihn zeitweise in tiefe Depressionen stürzten. Kaludrigkeit hatte unter dem Namen Udri Kaitka eine niedere Position unter den Betreuern der Modernen Fünfkämpfer aus der Union der sozialistischen Sowjetrepubliken eingenommen und sich hier besonders mit einem Athleten namens Boris Onischenko angefreundet. Udri Kaitka, der allen technischen Spielereien gegenüber immer ein aufgeschlossenes Herz hatte, war im Gespräch mit Onischenko darauf gekommen, den Degen des Sportlers mit einem äußerst sinnvollen Mechanismus zu versehen: Mittels eines kaum sichtbaren Druckknopfs vermochte Boris Onischenko nun Treffer beim Gegner anzuzeigen, selbst wenn diese Treffer gar nicht angebracht worden waren. Man amüsierte sich köstlich über dieses Spielzeug, aber selbstverständlich lehnte Onischenko — ein Major der Roten Armee — es strikt ab, dieses Manipuliergerät auch während des Wettkampfs zu benutzen, weil es seiner etwas labilen Auffassung vom Begriff der Fairneß widersprach.

Bis hierher war die Geschichte noch relativ einfach zu verfolgen, aber dann ergaben sich voneinander abweichende Darstellungen. Die erste ist einfach und wurde in dieser Form in die olympische Geschichtsschreibung aufgenommen: Onischenko trat mit dem praktischen Druckknopfdegen an, wurde erwischt und heimgeschickt. Die zweite Möglichkeit ist weitaus komplizierter: Udri Kaitka drückte Boris Onischenko ohne dessen Wissen diese Spezialwaffe in die Hand und dieser betätigte den Mechanismus rein zufällig, wurde erwischt und heimgeschickt. Diese zweite Variante würde bedeuten, daß Udri Kaitka als Saboteur einer feindlichen Macht im Lager der Modernen Fünfkämpfer der Union der sozialistischen Sowjetrepubliken tätig war, um zu einer gezielten und kaum widerlegbaren Verunglimpfung beizutragen — eine Möglichkeit, die nicht auszuschließen ist, da bekanntlich Majore der Roten Armee außerordentlich ehrenhafte Menschen sind. Andererseits war da die tiefe Depression von Udri Kaitka, die sogar die zeitweise Einlieferung in eine geschlossene Anstalt zur Folge hatte und somit sicherlich nicht gespielt war. Es bleibt allerdings die Berücksichtigung der Tatsache, daß Kaludrigkeit alias Udri Kaitka in jener geschlossenen Anstalt auch vor den Nachstellungen einer Kommandogruppe sicher war, die anschließend noch wochenlang in den kanadischen Wäldern beobachtet wurde und die Verabreichung einens rachemäßigen Denkzettels zum Ziel hatte, wie man unschwer aus den Richtmikrofonen einiger harmloser Ornithologen entnehmen konnte.

Weit diskretere Behandlung erfuhr eine folgenschwere Panne, die Kasimir Kaludrigkeit bei den gleichen Olympischen Spielen in der Behandlung von Schwimmern aus der Bundesrepublik Deutschland unterlief. Kaludrigkeit fühlte sich hier seiner Forschungen sehr sicher und trat deshalb kaum getarnt unter dem Namen Kasimir Kadrigkeit auf. Seine Erkenntnisse hatte er von einem aufstrebenden Rechtsanwalt in Hamburg juristisch absichern lassen, der auch sogleich für den Fall des Erfolges aus dem Innenministerium eine Viertelmillion Mark auf einem Sperrkonto bereitgestellt erhielt. Kaludrigkeit alias Kadrigkeit hatte umfangreiche Forschungen auf dem Gebiet der Wasserlage bei Schwimmern angestellt und war schließlich zu sensationellen Ergebnissen gekommen, die er dem Verband aus der Bundesrepublik Deutschland offerierte. Die Gründe, warum ausgerechnet diesem Verband, liegen auf der Hand: Erstens lagen sie bei dem unbedingten Ehrgeiz verdienter Offizieller, die die Meinung vertraten, daß Goldmedaillen das Ansehen des Volkes in der Welt steigern und somit den Absatz heimischer Industriegüter im Export in ungeahnte Höhen treiben – zweitens galt die Währung der Deutschen Mark als hart.

Die Überlegungen, die Kaludrigkeit alias Kadrigkeit zur Verbesserung der Wasserlage von Schwimmern der verschiedensten Stilarten angestellt hatte, waren ebenso einfach wie genial: Er veränderte das spezifische Gewicht der feuchten Athleten durch die anale Einführung eines Gases; selbstverständlich waren Dickdarm, Dünndarm und Magen zunächst durch eine Diät erweitert und dann durch ein gebräuchliches Abführmittel säuberlich gereinigt worden, um eine möglichst hohe Kubikzentimeterzahl einführen zu können. Alle Versuche verliefen außerordentlich zufriedenstellend und der Anblick der Schwimmer, die wie Ballons auf dem Wasser lagen, ohne auch nur den kleinen Finger zu rühren, ergaben ein sehr schönes Bild. Die bedauerliche Panne, die dazu führte, daß die Schwimmer dann doch keine Medaillen gewannen und die Viertelmillion auf dem Sperrkonto verfiel, geschah wenige Tage vor Beginn der Wettkämpfe. Nach dem Training wurde einer begabten Kraulerin, die durch einen extrem geweiteten Darmtrakt achtzehn Liter Gas aufnehmen konnte, dieses Gas wieder abgelassen – da geschah die Katastrophe: Kaludrigkeit alias Kadrigkeit hatte sich, zufrieden ob des gelungenen Experiments, eine erholsame Zigarette angezündet und dadurch das ausströmende Gas zur Explosion gebracht. Er erlitt schreckliche

Verbrennungen, die einen mehrwöchigen Aufenthalt in einer Spezialklinik in Montreal zur Folge hatten ; einige Hauttransplantierungen veränderten sein Aussehen völlig, und wenn da nicht das etwas abenteuerlich zusammengewachsene Nasenbein gewesen wäre, welches auf die Diskussion im Gasthaus zum ‚Raben‘ in Muschkaken (Ostpreußen) gut fünfzig Jahre zuvor zurückzuführen war, wäre Kaludrigkeit alias Kadrigkeit wohl völlig in die Anonymität gefallen. Was übrigens die begabte Kraulerin mit dem extremen Darmtrakt anbetrifft, so ist von ihr zu sagen, daß sie nach der Explosion einige Zeit unter Sitzbeschwerden litt ; verschiedene Operationen hatten zur Folge, daß Uneingeweihte heute von ihr behaupten, sie habe ein etwas leidenschaftsloses Gesäß.

Die Bedeutung eines Menschen wie Kasimir Kaludrigkeit für die tieferen Werte des Sports wären noch an vielen weiteren Beispielen der Erwähnung wert. Er saß im Begleitboot, als Captain Matthew Webb als Erster am 24./25. August 1875 über den Ärmelkanal schwamm — ihm war es zu verdanken (unter dem Namen Imir Kaluk), daß Nurmi sich davon überzeugen ließ, bei seinen Läufen eine Stoppuhr in der Hand zu tragen — er war der Erste, der Charles Lindbergh nach der Landung in Paris beglückwünschte — seinem unauffälligen Arrangement war es zu verdanken, daß Marika Kilius und Hans-Jürgen Bäumler zu einem Eis-Paar wurden — er vermaß die Hürden, als Martin Lauer seinen Weltrekord lief — aber er trat auch bis zur Unkenntlichkeit maskiert als Linienrichter auf, der 1966 im Wembleystadion entschied, daß das dritte Tor tatsächlich ein Tor war. Wie man hört, hat Kasimir Kaludrigkeit sich erneut in seine Laboratorien zurückgezogen, um die chirurgische Manipulationsfähigkeit der Staffelläufer in der Kurve zu untersuchen ; Ziel dieser Arbeit ist es, daß innere Bein des Kurvenläufers so zu verkürzen, daß sich daraus eine bessere Kurvenlage ergibt, aus der sich Vorteile bis zu sieben Zehntelsekunden in der Viermalhundertmeterstaffel erzielen lassen. Vielleicht sollten wir alle bei kommenden Meisterschaften und olympischen Wettbewerben in Zukunft darauf achten.

Es ist bei all’ dem erstaunlich, wie sehr es Kasimir Kaludrigkeit gelang, sein Wirken unter Ausschaltung der Öffentlichkeit dennoch effektiv zu gestalten. Die Sportwelt hat ihm viel zu verdanken, und wenn man ihm eines Tages ein Denkmal dezidiert, wird es bei der sprichwörtlichen Bescheidenheit Kaludrigkeits mit Sicherheit keinen seiner Namen tragen. Man wird es den Stillen im Lande widmen.

Der Mann, dem ich meine Existenz verdanke
oder
Seele ist ziemlich überflüssig

Es macht mir überhaupt nichts aus, wenn sie alle behaupten, mein Spiel sei seelenlos und lediglich darauf bedacht, meine Gegner so schnell wie möglich zu schlagen. Der Mann, dem ich meine Existenz verdanke, hat mir nämlich nichts davon vermittelt, was man als Seele bezeichnen könnte. Ich habe einmal gehört, wie er einem anderen Mann sagte, daß eine Seele etwas sei, was in der elektronischen Technik nicht vorkommt. Ich weiß weder, was eine Seele noch was eine elektronische Technik ist. Ich funktioniere zur vollsten Zufriedenheit. Allerdings ist das auch nur etwas, was ich von dem Mann gehört habe, dem ich meine Existenz verdanke – ich weiß nicht, was Zufriedenheit ist. Für mich ist es so, daß ich funktioniere, was aber eine Selbstverständlichkeit ist. Manchmal attestieren mir Kritiker in der Zeitung, daß ich über sehr viel Phantasie verfüge. Aber das ist natürlich ebenfalls ein Blödsinn. Ich weiß nicht, was Phantasie ist. Ich weiß allerdings auch nicht, was ein Blödsinn ist. Ich funktioniere.

Der Mann, dem ich meine Existenz verdanke, läßt sich von anderen Männern, aber auch Frauen, unter dem Namen Drisaldo Gkeit ansprechen oder anschreiben. Wobei ich hier vielleicht einfügen sollte, daß er mir als Nebenprodukt meiner Tätigkeiten auch die Fähigkeit der Aufnahme des geschriebenen Wortes einspeicherte; gewisse mathematische Dinge vermag ich ebenfalls zu verarbeiten – auf Grund akustischer Zeichen, die immer von einer Figur kommen, die an der Seite des Platzes auf einem Gerüst sitzt, vermag ich fünfzehn und fünfzehn zusammenzuzählen; wenn dann ein weiteres Fünfzehn hinzukommt, erziele ich jeweils Vierzig.

Der Mann, dem ich meine Existenz verdanke, überlegte sich lange, ob er mich nicht vielleicht doch lieber als Fußballspieler oder als Boxer hätte schaffen sollen. Es gab dann aber Schwierigkeiten mit der Polsterung und Schwingungshemmung. Die Tritte der Fußballspieler oder die Schläge der Boxer hätten mein an verschiedenen Stellen doch recht anfälliges System stören können. Es wäre zwar ein leichtes gewesen, das bei Menschen empfindliche Kinn mit einer Edelstahlplatte zu sichern, aber meine Nacktheit beim Wiegen vor dem Kampf hätte vielleicht doch Befremden hervorgerufen: An jener Stelle, wo die Menschen ihr intimes Genital verbergen, befinden sich bei mir die Anschlüsse für das Stromnetz zur Aufladung der Batterien. Auch unter der Dusche mit der Mannschaft nach einem Fußballspiel wäre es da sicherlich zu Fragen gekommen, zu deren Beantwortung ich nicht fähig bin. Deshalb hat Drisaldo Gkeit – der Mann, dem ich meine Existenz verdanke – aus mir einen Tennisspieler gemacht.

Er hat viele Jahre daran gearbeitet, mich so zu schaffen, wie ich jetzt bin. Die Schwierigkeiten bestanden nicht darin, so zu funktionieren wie andere Tennisspieler auch – nur besser. Komplikationen ergaben sich lediglich in meiner äußeren Gestaltung, da ich ja so wirken muß wie ein richtiger Mensch. Drisaldo Gkeit experimentierte sehr lange an meiner Außenhaut, bevor Arme, Beine, Hals und Kopf nicht mehr von den Gliedern der Gegner zu unterscheiden waren. Als ich schon längst das gesprochene Wort aufzunehmen und zu verarbeiten imstande war, sprach der Mann, dem ich meine Existenz verdanke, oft seufzend über die Probleme, die ihm mein Blinzeln der Augenlider, das rhythmische Heben und Senken des Brustkorbes sowie das auf den ersten Blick so überflüssig erscheinende Schwitzen während des Kampfes bereitete. Er äußerte dabei übrigens manchmal Worte, deren Benutzung mir als streng untersagt eingespeichert war, weil sie als obszön gelten und nach den Regeln eine Geldstrafe nach sich ziehen. Ich weiß nicht, was Obszönität ist. Ich funktioniere.

Auf welche Kleinigkeiten sonst noch zu achten ist, ergab sich übrigens, als ich zum ersten Mal an einer Qualifikation teilnahm: Der Mann, dem ich meine Existenz verdanke, hatte es versäumt, mir den Händedruck nach dem Matchball einzugeben. Drisaldo Gkeit schimpfte am nächsten Tag über die schlechte Presse, weil man mir Arroganz und Mißachtung des Gegners nachsagte. In hektischer Nachtarbeit gelang es schließlich, mir diese offensichtlich dringend notwendige Geste zusätzlich zu verleihen. Seither hat niemand mehr etwas gemerkt. In diesem Zusammenhang sollte ich auch noch ein freundliches Lächeln zumindest für die Fotografen erhalten, aber der Mann, dem ich meine Existenz verdanke, nahm davon Abstand, weil Tennisspieler eigentlich nie lächeln.

Die transistor-elektronisch gesteuerte Computer-Anlage unter meiner täuschend ähnlichen Außenhaut war relativ leicht mit allem zu speichern, was man als Tennisspieler benötigt. Drisaldo Gkeit hatte sich Videofilme von den tausend besten Spielern der letzten fünfzig Jahre besorgt und schloß seinen Recorder an meinen Speicher an. In Millisekunden beziehe ich jetzt die nötige Information daraus auf jeden Ball, der über das Netz in mein Feld geflogen kommt, und treffe die notwendigen Vorkehrungen, ihn zu erwidern.

Es ist mir selbstverständlich ein Leichtes, das Koordinatensystem zwischen Fluggeschwindigkeit, Effet, Windströmungen und Platzbeschaffenheit aufzustellen. Ich könnte jeden Ball so setzen, daß er für den anderen unerreichbar bleibt. Der Mann, dem ich meine Existenz verdanke, vermag diese Möglichkeit durch eine recht einfache Schaltung auch zu erreichen – ich muß allerdings zugeben, daß er davon nur äußerst selten Gebrauch macht. Der Normalfall sieht ein gewisses Fehlerpotential vor, welches meine Menschähnlichkeit unterstreicht. Aber mehr als vier verlorene Spiele in einem best-of-three sind da nicht drin.

Natürlich habe ich die Fähigkeit, meinen Ranglistenplatz nach jedem Match innerhalb weniger Sekunden mittels einer Sprechanlage bekanntzugeben, deren Lautsprecher sich innerhalb der großen Öffnung an der Vorderseite meines Kopfes befindet. Als ich mit dem Platz 576 der Rangliste begann und langsam nach oben stieg, hatte das für den Mann, dem ich meine Existenz verdanke, wohl sehr viel Reiz. Jetzt bin ich aber innerhalb weniger Monate auf den ersten Platz der Rangliste gerutscht und gelte als unbezwingbar, was ja auch stimmt. Da eine Verbesserung nicht mehr möglich ist, hat Drisaldo Gkeit die Absicht geäußert, diese Kapazitäten anderweitig zu nutzen – es ist mir gleich.

Den Zeitungen, die ich optisch verarbeite, habe ich entnommen, daß der Mann, dem ich meine Existenz verdanke, mir den Namen Gustav Tiek gab und daß ich ein unschlagbarer Tennisweltmeister bin. Man äußert sich da des öfteren über die absolute Zurückgezogenheit, in der ich lebe, wobei ich nicht genau weiß, was mit Leben gemeint ist. Dort steht auch, daß ich einen Manager habe – auf Grund gewisser logischer Schlüsse bin ich zu der Überzeugung gelangt, daß dieser Manager und Drisaldo Gkeit ein und dieselbe Person sind. Es heißt, dieser Manager würde dafür sorgen, daß ich keine Interviews gebe und von niemanden jemals beim Training beobachtet wurde. Außerdem hätte ich keine Weibergeschichten und im letzten Jahr fünf Millionen Dollar eingenommen. Was sind Interviews, was sind Dollars und was sind Weibergeschichten? Ich funktioniere nur.

Als ich einmal wie gewohnt im Hotelzimmer abgestellt war, während der Mann, dem ich meine Existenz verdanke, gerade eine Besorgung unternahm, öffnete sich die Tür und ein Mensch kam herein. Dieser Mensch trug einen farbigen Mantel, den er auch sofort öffnete, so daß ich registrierte, daß er nichts darunter trug. Der Sprechanlage dieses Menschen entströmten Töne, aus denen ich entnahm, daß er mich schon lange verehren würde und ich könne alles vom ihm haben. Der Mensch legte sich dann auf das Bett, in dem sonst der Mann liegt, dem ich meine Existenz verdanke, ließ die Hautfalten über seine optischen Aufnahmegeräte fallen und atmete laut. Dabei fielen mir vor allem die beiden Schwellungen am Oberkörper dieses Menschen

auf, die ich sonst bei männlichen Menschen im Umkleideraum noch nie aufgenommen hatte. Nach einer Weile setzte sich dieses Wesen auf dem Bett wieder auf und fragte, ob ich denn nichts empfinde oder aus Holz sei — es kam sogar zu mir und begann, mich an verschiedenen Stellen zu streicheln. Plötzlich bemerkte dieser Mensch mit den zwei Schwellungen an der oberen Vorderseite des Körpers, daß Drisaldo Gkeit mich zwecks Aufladung meiner Batterien an das Stromnetz angeschlossen hatte und verließ den Raum schnell unter Hinterlassung eines Geräusches sehr hoher Frequenz. Als der Mann, dem ich meine Existenz verdanke, wiederkam, wirkte er sehr nervös — er sagte, eine Frau habe sich nur mit einem Bademantel bekleidet aus dem Fenster gestürzt und sei just neben ihm auf das Pflaster gefallen, als er das Hotel zu betreten sich anschickte. Er fügte hinzu, daß es ein Blödsinn sei, mir das zu erzählen, weil ich mit einer solchen Information ja doch nichts anfangen könne. Ich äußerte mich nicht, weil ich keine direkte Aufforderung erhalten hatte und außerdem gerade am Stromnetz hing.

Am gleichen Tag verließen wir wie gewohnt am Abend das Hotel, weil ich die erste Runde der Hallenmeisterschaften zu spielen hatte. Der Mann, dem ich meine Existenz verdanke, steuerte den Wagen selbst — am Hoteleingang stand die übliche Anzahl von Reportern, die ihre Bilder machten und nach meinem Ergehen fragten. Über meine Sprechanlage ließ ich verlauten, daß ich mich gut in Form fühle, aber sehr starke Gegner hätte — aus dieser Aussage, die ich in verschiedenen Varianten beherrsche, werden oft Geschichten geschrieben, die über eine ganze Zeitungsseite laufen. Drisaldo Gkeit trieb wie immer zur Eile an, ich stieg ein, und er startete den Wagen. Ich registrierte ein leichtes Vibrieren in seiner Fahrweise, und obgleich ich selbstverständlich nicht darauf programmiert war, selbst ein solches Fahrzeug zu steuern, empfand ich sofort Alarmimpulse, als er zum zweiten Male über eine Kreuzung fuhr, an der die Lichter für uns auf Rot standen. Rot — so weiß ich — ist eine Farbe, die Gefahr verheißt; ich selbst schalte auf dieses Rot, wenn mein Stromvorrat zu Ende geht. Das geschieht allerdings lediglich zur Sicherheit, und zwar an einer Stelle an der hinteren Seite des unteren Teils meines Körpers, über der sich normalerweise die Hose befindet. Drisaldo Gkeit hat dieses Lämpchen nur zur eigenen Kontrolle installiert. Er hatte seinen Fehler auf der Straßenkreuzung selbst bemerkt und sprach vor sich hin, daß ihn das nackte Weib mit dem Bademantel aus dem Fenster auf den Pflastersteinen ganz nervös macht. Was ist Weib, was ist Bademantel, was ist nervös? Ich funktioniere.

Es geschah an einer Kreuzung ohne rote oder grüne Lichter: Aus der Seitenstraße rechts fuhr ein kleiner Wagen unserer Limousine in die Seite, wobei ich mit der empfindlichen Elektronik meines als Kopf bezeichneten Körperteils hart gegen die Scheibe stieß. Ich registrierte den Ausfall einiger fotomechanischer Zellen sowie eines Mikrocomputers, dessen Existenz und Sinn mir bislang fremd war. Ich bin sicher, daß sofort das rote Licht zur Warnung aufleuchtete, aber der Mann, dem ich meine Existenz verdanke, vermochte es ja nicht zu sehen, weil ich darauf saß. Außerdem unterhielt er sich auch gerade mit dem Fahrer des kleineren Wagens und einem uniformierten Menschen, der dazu gekommen war und nach der Abwicklung verschiedener Formalitäten von Drisaldo Gkeit mit einer Autogrammkarte beschenkt wurde – ich darf hier einfügen, daß ich zum Unterzeichnen von Autogramm-karten auch in der Öffentlichkeit durchaus fähig bin.

Wir erreichten die Halle mit einiger Verspätung, aber immer noch früh genug – das Match vorher war noch nicht abgeschlossen. Der Mann, dem ich meine Existenz verdanke, ging vor mir durch die langen Gänge unter der Halle bis zu dem für mich reservierten Umkleideraum. Als er sich umdrehte, nahm ich einen von dem Dutzend Schläger, auf denen der Name Gustav Tiek graviert ist, und schlug ihm auf den Kopf. Es war ungefähr der gleiche Bewegungsablauf, den ich bei einem flachen Aufschlag verwende – der Schläger läuft dabei in einer geraden Schleife aus. Am Ende dieser Schleife war der Kopf des Mannes, dem ich meine Existenz verdanke. Bevor er beim zweiten Schlag noch die Arme zur Abwehr meines besonders gefürchteten Service hochbekam, hatte ich bereits ein drittes, viertes, fünftes Mal geschla-gen – ich traf ihn sehr präzise an der Seite des Kopfes, wobei ich allerdings die Technik des Aufschlags wechselte: Neben dem flachen Aufschlag simu-lierte ich auch den Slice- und den Topspin-Aufschlag auf seinem Kopf, worauf seine Außenhaut eine gewisse Instabilität verriet und platzte. Aus diesen Öffnungen floß eine rote Flüssigkeit, die auch noch weiterfloß, als Drisaldo Gkeit am Boden lag und sich reglos verhielt. Von dieser roten Flüssigkeit hatte ich nie zuvor etwas wahrgenommen. Zu meinem eingespei-cherten Wissen gehört, daß ich sie nicht besitze. Ich schließe daraus, daß die rote Flüssigkeit im Grunde genommen überflüssig ist, denn ich funktioniere auch ohne sie.

Danach habe ich mich in dem stillen Umkleideraum der Straßenkleidung entledigt und mir die Sportkleidung angezogen – so, wie ich es immer getan habe. Ich habe mich bemüht, mit den weißen Hallenschuhen nicht in die rote Flüssigkeit zu treten, die sich auf dem Boden ausbreitete – es ist in mir, daß ich mich vor Flüssigkeiten an den Schuhen in acht nehmen muß, da man sonst ausrutschen kann. Ich bin durch die langen Gänge unter der Halle auf den Platz gegangen, um das zu tun, wofür mich der Mann, dem ich meine Existenz verdanke, geschaffen hat. Ich habe den ersten Satz laut meinem Programm mit 6:1 gewonnen und führe im zweiten bereits 4:0. Meine Membranen registrieren nach jedem meiner Schläge ein starkes Geräusch von jenen Menschen auf der Tribüne, die Drisaldo Gkeit als zahlende Zuschauer bezeichnet. Der ausgefallene Mikrocomputer und die defekten fotomechanischen Zellen behindern mich nicht, obgleich ich im Spiegel vorhin im Umkleideraum das rote Lämpchen deutlich leuchten sah. Wenn ich beim nächsten Seitenwechsel an meinem Gegner vorbeigehe, werde ich mit ihm das gleiche tun, was ich vorher im Umkleideraum mit dem Mann tat, dem ich meine Existenz verdanke.

K. springt achtfünfundachtzig
oder
Das Olympische an Fräulein Kollmann

Der Tag, an dem sich die besondere Fähigkeit von Kaludrigkeit herausstellte, war ein Samstag. Einer von jenen Tagen im September, die morgens
manchmal schon recht frisch sein können – ich weiß das noch genau, denn
Kaludrigkeit fröstelte die ganze Zeit und die dichten schwarzen Haare auf
den Beinen und Armen standen ihm aufrecht wie ein Pelz. Fräulein Kollmann
versuchte Kaludrigkeit zu erklären, daß wir dazu Gänsehaut sagen – sie
sagte Haut von Gans du verstehen, und sie sagte es sehr laut, wie es die
Angewohnheit vieler Leute ist, die sich einem anderen verständlich machen
wollen, von dem sie nicht genau wissen, ob er die Sprache versteht. Kaludrigkeit schien sich dessen zu genieren. Fräulein Kollmann packte belegte Brote
aus und eine Thermosflasche mit Kaffee. Sie aß für ihr Leben gern und tat
das immer und überall. Sie hatte kurze stabile Beine, ein gewaltiges Gesäß
und einen olympischen Busen, der dem Gesäß nur wenig nachstand. Dabei
bewegte sie sich mit der fließend-flinken Eleganz, die die Dicken oft auszeichnet – sie rollte sozusagen. Berger, der immer lästerte, meinte einmal, daß
Fräulein Kollmann innen ganz hohl sei und deshalb immer essen müsse.
Kaludrigkeit hatte zunächst gar nicht mitgehen wollen. Er war erst seit ein
paar Monaten in der Firma, und wenn wir über etwas sprachen, dessen
Inhalt ihm nicht so geläufig war, vermochte er der Unterhaltung nicht zu
folgen. Kaludrigkeit hieß mit Vornamen Kasimir; einmal erzählte er, sein
Vater, Großvater und Urgroßvater hätten den gleichen Namen geführt, das
sei in seiner Familie Tradition. Das war aber schon die längste Rede, die
Kasimir Kaludrigkeit jemals bei uns redete – ich führte das damals auf das
Glas Sekt zurück, das wir während der Bürozeit auf Herrn Berger tranken,
weil der Geburtstag hatte. Fräulein Kollmann hatte den Sekt zur Feier des
Tages mitgebracht. Sonst erzählte Kaludrigkeit nie etwas über sich, aber wir
wußten, daß er aus Masuren gekommen war; unter welchen Umständen die
Umsiedlung zustandekam, haben wir nie herausbekommen. Wenn Kaludrigkeit sprach, klang es immer so, als ob einer ostpreußisch nachmacht. Berger,
der es gern hatte, sich auf Kosten anderer lustig zu machen, hatte anfangs des

öfteren von Marjellchen gesprochen und vons Jälbe von Äi, aber Kaludrigkeit
hatte nur verständnislos geschaut.

Die Idee, an diesem Septembermorgen auf den Sportplatz zu gehen, war
ebenfalls von Berger gekommen. Es war an einem Montagmorgen gewesen – Fräulein Kollmann hatte kauend berichtet, daß sie daran dächte,
die Pille für eine Weile abzusetzen, weil ihre pralle Korpulenz allein darauf
zurückzuführen sei – ich unterdrückte die Bemerkung, daß die Pille bei ihr
eine Vorsichtsmaßnahme zu einem Geschehnis sei, welches sowieso nie
eintreten würde, da sie ja immerzu fräße – Berger las die Sportseite der
Zeitung und diskutierte mit sich selbst die Ergebnisse der Fußball-Liga. Ich
pflichtete ihm hin und wieder bei, wenn er mich zustimmungsheischend
fragte, ob ich nicht auch der Meinung sei, daß alle Schiedsrichter Idioten
seien und die Spieler nur Geld im Kopf hätten. Berger ist immerhin Büroleiter,
so daß eine Übereinstimmung in solchen privaten Fragen auch für ein gutes
Betriebsklima sorgt. Kaludrigkeit war aus seinem Raum unter dem Dach
heruntergekommen, wo er das Archiv sortierte, das von uns übrigens noch
nie jemand benutzt hatte. Er saß auf dem Stuhl neben der Tür und rauchte,
wobei er sich sichtlich bemühte, nicht zu Fräulein Kollmann zu blicken, die
die Beine nach Art amerikanischer Manager auf den Schreibtisch gelegt
hatte; der Rock war ihr bis leicht über die knubbeligen Knie heraufgerutscht.
Der Ansatz ihrer Schenkel war in jener Weise rosig zu nennen, wie man es
bei der Haut von Rothaarigen sehr oft bemerken kann – Fräulein Kollmann
war rothaarig.

Auf einmal hatte Berger gesagt, er habe eine Idee: Wir sollten doch alle
einmal auf den Sportplatz gehen und einen Zehnkampf bestreiten – da
könne man doch wirklich einmal feststellen, was einer noch drauf hat; er
stellte sich bei dieser Aussage ans Fenster, stemmte sich mit den Armen gegen
den Fensterrahmen und drückte die Brust heraus, so daß sein Aussehen etwas
Athletisches erhielt. Ich muß zugeben, daß ich Berger hin und wieder ganz
gerne in den Arsch treten würde – jetzt hätte er dazu eine ideale Position
eingenommen. Ich sagte, daß das eine tolle Idee sei und fragte, welche
Disziplinen man bei einem Zehnkampf bestreiten müsse. Ausgerechnet Fräulein Kollmann zeigte jetzt ihre große Belesenheit – während sie aus einem
Plastiktöpfchen einen hauptsächlich aus Mayonnaise bestehenden Salat
löffelte, zählte sie zehn sehr einfache Sportarten auf, die alle miteinander
aber beschwerlich zu werden versprachen. Das fiel auch Berger auf. Er
meinte, wir sollten uns selbst einen Wettkampf zusammenstellen, den man
an einem Vormittag hinter sich bringen kann – er strich sofort den
Fünfzehnhundertmeterlauf, den Stabhochsprung und noch einiges mehr,
wovon ich kaum etwas wußte. Stehen blieben schließlich der Lauf über
einhundert Meter, das Kugelstoßen und der Weitsprung.

Kasimir Kaludrigkeit sagte gar nichts. Er drückte seine Selbstgedrehte aus, wobei er heimlich in jene Richtung blickte, wo zwischen den knubbelig-rosigen Knien von Fräulein Kollmann das durch den Rock hervorgerufene schattige Dunkel begann, und wollte gehen. Aber Berger meinte, daß er, Kaludrigkeit, natürlich auch daran teilnehmen müsse – er könne sich vorstellen, daß Kaludrigkeit ein großer Athlet sei. Berger lachte, weiteres beifälliges Lachen fordernd, ich lachte selbstverständlich auch, und Fräulein Kollmann erklärte sich bereit, das Protokoll zu führen; sie wolle auch belegte Brote mitbringen und sonstige Erfrischungen. Kaludrigkeit sagte, daß das nichts für ihn sei und er habe das noch nie gemacht und am Samstag würde er immer ausschlafen und vielleicht wolle er ins Kino. Berger erklärte, das seien doch nur Ausreden – Kaludrigkeit dürfe sich nicht ausschließen, wo uns doch allen daran gelegen ist, ihn voll zu integrieren, es würde auch das Gemeinschaftsgefühl innerhalb unserer kleinen Bürogemeinschaft stärken – er würde seine knapp bemessene Freizeit ja ebenfalls nicht nur zum Spaß zur Verfügung stellen. Kaludrigkeit erwiderte ernsthaft, daß er nicht einmal kurze Sporthosen habe, aber Fräulein Kollmann meinte, sie habe noch welche von früher, die ihm passen müßten. Ich bot ihm meine alten Tennisschuhe an.

Kasimir Kaludrigkeit sah am Samstag in der Tat ein wenig befremdlich aus, als wir uns um neun auf dem Sportplatz trafen. Die Hose von Fräulein Kollmann war von jener Art, wie man sie auf alten Fotos mit englischen Fußballspielern sehen kann. Außerdem rutschte sie, so daß Kaludrigkeit gezwungen wurde, sie mit beiden Händen am gekräuselten Bund festzuhalten. Es fiel mir auf, wie Fräulein Kollmann sich mit beflissener Mütterlichkeit an dem Gummiband des Hosenbundes zu schaffen machte, um es durch einen Knoten zu verkürzen – es fiel mir auch auf, daß sie nach dieser Nestelei ein wenig erhitzt oder zumindest überrascht schien. Sie musterte Kaludrigkeit mit einem Blick, in dem eine gewisse neugierige Zufriedenheit lag – ich hatte an ihr nie dergleichen gesehen. Kaludrigkeit selbst schien diese Prozedur eher peinlich zu sein. Er drapierte die pludrigen Falten dieser gewaltigen Hose alle nach vorne, als ob er die rechte oder linke Lage seiner Männlichkeit zu verbergen gedächte; er drehte sich dabei ein wenig ab, was wiederum den Eindruck erweckte, als wolle er sein Wasser abschlagen.

Aus den weiten Hosenbeinen wuchsen überraschend muskulöse Beine, deren Bleichheit durch die dichten schwarzen Haare darauf noch unterstrichen wurde. Die Kühle des Morgens hatte die Haare an Beinen und Armen aufrecht gestellt, so daß Kaludrigkeit aussah, als trüge er einen lichten Pelz. Er hatte eines von diesen Oberhemden mit kurzen Ärmeln angezogen, in denen selbst kräftige Arme dünn wirken. Kaludrigkeit besaß aber wirklich sehr dünne Arme. Es gibt eine Bleichheit der Haut, die immer grau aussieht, da kann man überhaupt nichts machen. Kasimir Kaludrigkeit war von solch grauer Haut überzogen und im Gesicht sah sie besonders grau aus, was aber auch an seinem starken Bartwuchs liegen konnte. Neben Berger, der seine protzig gesunde Körperlichkeit in einen flauschigen, hellblauen Trainingsanzug gesteckt hatte und nach mehreren Runden um den Platz bereits dampfte, sah Kaludrigkeit wie einer von jenen Menschen aus, die mit vierzig geboren werden und dann ihr Lebtag vierzig bleiben. Kasimir Kaludrigkeit sagte, er sei sechsundzwanzig. Fräulein Kollmann fragte ihn danach, als sie ihm den Knoten in das Gummiband der Sporthose machte.

Berger hatte zwei Stoppuhren mitgebracht, worauf wir zunächst eine Weile darüber diskutierten, ob wir den Hundertmeterlauf eventuell im Einzelstart absolvieren sollten, weil wir ja mindestens drei Uhren hätten haben müssen, um Berger, mich und Kaludrigkeit zu stoppen — andererseits konnte Fräulein Kollmann ja nicht drei Uhren betätigen. Berger entschied schließlich, daß Fräulein Kollmann sich ans Ziel stellen solle, um den Einlauf festzuhalten: Er meinte, man könne unseren Dreikampf nach der Summe der Platzziffern entscheiden — er glaube kaum, daß es einen Gleichstand am Schluß geben werde.

Ich rechnete mir insgeheim einen zweiten Platz hinter Berger aus, den zu schlagen ich für wenig sinnvoll hielt, weil es dem guten Betriebsklima kaum zuträglich gewesen wäre. Berger gab das Kommando, und wir kamen alle drei ziemlich gleichzeitig aus den Startlöchern der Aschenbahn. Aber bevor Berger und ich noch richtig in Schwung waren, sahen wir Kaludrigkeit schon zehn Meter vor uns. Er schlenkerte mit den Armen, hatte den Kopf weit zurückgeworfen und rannte mit weit ausholenden Schritten — ich habe auf einem Gemälde einmal einen Hirsch so rennen gesehen, der von einem Rudel scheckiger Hunde verfolgt wurde. Während ich diesen Gedanken dachte und mich dabei bemühte, zwei Handbreit hinter Berger zu bleiben, hatte Kaludrigkeit seinen Vorsprung bereits auf rund zwanzig Meter erweitert. Dann fiel Kasimir Kaludrigkeit ganz einfach hin. Berger und ich liefen ungefähr bei achtzig Metern an ihm vorbei — Berger besiegte mich deutlich um etwa einen halben Meter. Fräulein Kollmann war zu Kaludrigkeit geeilt und half ihm auf. Er sah nicht sehr gut aus, denn die Steinchen der Asche hatten ihm die Knie, die Ellenbogen und auch die eine Wange aufgeschürft. Er sagte immer wieder, daß er es ja gleich gewußt habe, aber es würde ihm nichts ausmachen und es sei ja gar nicht so schlimm. Er klopfte und rubbelte sich den schwarzen Dreck ab, der sich an Knien, Ellenbogen und Wange mit Blut vermischte. Berger sagte, er müsse da Jod drauftun, er kenne jemand, der habe einmal eine Blutvergiftung gehabt und sei nur unter Einsatz hoher ärztlicher Kunst davongekommen. Fräulein Kollmann hatte ein Taschentuch zur Hand genommen und wienerte mit Spucke an Kaludrigkeit herum — an den Ellenbogen, an der Wange und mit besonderer Ausdauer an den Knien, wobei sie die weite Hose ein wenig nach oben streifte und dort festhielt, wo Kaludrigkeit zuvor den Anschein erweckte, unter der Pludrigkeit weißer Falten etwas verbergen zu wollen. Kaludrigkeit lächelte ein wenig töricht und Berger sagte, daß es immer wichtig sei, bis zum Schluß durchzuhalten — wahre Sieger seien nicht jene mit den schnellen Anfangserfolgen, sondern immer die, die sich ihre Kräfte richtig einzuteilen wissen; und ein Hundertmeterlauf führe über die Strecke von hundert Metern und nicht nur über achtzig Meter. Ich war noch ein wenig außer Atem, aber ich hätte Berger gerne wieder einmal in den Arsch getreten. Statt dessen sprach ich ihm meine Bewunderung aus.

Vom anschließenden Kugelstoßen ist zu sagen, daß Berger mit weitem Abstand siegte. Fräulein Kollmann — sie hatte aus ihren Vorräten Kekse mit Schokoladenfüllung ausgepackt und bot jedem davon an — fand in ihrer Tasche ein Meterband und stellte für Berger Siebenmeterzwanzig fest, für mich Fünfmeterachtzig und für Kaludrigkeit Zweimetersiebzig. Man konnte es beim besten Willen nicht als Bild sportlicher Elastizität bezeichnen, wenn Kaludrigkeit seine grau-welken Ärmchen anspannte, um die Kugel mehr zu schleudern denn zu stoßen. Beim ersten Versuch rutsche ihm der eiserne Ball gar von der Hand und wäre ihm fast auf den Fuß gefallen. Berger sagte, daß Eisen Kraft gibt, aber man müsse es anfassen — ich hatte das kürzlich ebenfalls in der Zeitung gelesen, wollte ihm aber den Anschein des spontanen Sinnspruchs nicht verderben. Kasimir Kaludrigkeit sagte, daß er das schon vorher gewußt habe; es hörte sich wie eine Entschuldigung an, und er sah sehr vergrämt aus.

Dann gingen wir hinüber zur Weitsprunggrube. Fräulein Kollmann hatte bei dem Platzwart eine Harke aufgetrieben und harkte nun den Sand schön eben, bis er weich wie ein Gemüsebeet aussah. Berger sprang als Erster und erreichte Vierdreiundzwanzig — er behauptete, er habe mindestens einen halben Meter verschenkt, weil er so weit vor dem Balken abgesprungen sei. Ich kam auf Dreivierundachtzig. Berger redete unterdessen von einem Mann namens Bob Biemann, der einmal Olympiasieger geworden sei mit einem Sprung von Achtneunzig — das sei eine einmalige Leistung gewesen, ein ganz toller Weltrekord, ein Sprung ins Jahr Zweitausend — ich erinnerte mich dunkel, davon gelesen zu haben. Berger veranlaßte Fräulein Kollmann, diese Strecke doch einmal abzumessen, damit man sich davon einen richtigen Eindruck machen könne. Sie kauerte in dem Sand und maß und sah aus wie ein kugeligfetter weiblicher Buddha. Bei Achtneunzig steckte sie einen Zweig in den Sand und Berger sagte zu Kaludrigkeit, er solle nun endlich auch springen.

Hier geschah es, daß sich die besondere Fähigkeit von Kasimir Kaludrigkeit herausstellte. Er schritt auf der Anlaufbahn zurück bis an einen Punkt, der etwa dreißig Meter vom Absprungbalken entfernt war, dann drehte er sich um und lief ganz einfach los. Er lief so, wie er es vorher beim Hundertmeterlauf getan hatte, aber jetzt sah ich ihn von vorne ankommen mit dem zurückgelegten Kopf, den seltsam schlenkernden Armen, den schnellen und weiten Schritten – er rannte in der Tat wie jemand, hinter dem die Hunde her sind, die nicht spielen, sondern beißen wollen – er traf mit dem Fuß genau auf den Balken, was ein klatschendes Geräusch verursachte – er schien durch die Luft weiter zu laufen, dann streckte er die Beine weit vor, wie es Störche oder Reiher bei der Landung tun – die Kraft seines Sprunges reichte aus, seinen in der weiten Hose von Fräulein Kollmann befindlichen Schwerpunkt nach vorne zu ziehen, so daß er nicht auf den Hintern zurückfiel – den Zweig bei Achtneunzig hatte er herausgerissen. Ich beobachtete diese Folge von Bewegungen wie in einer Zeitlupe, obgleich sie natürlich in weniger als einer Sekunde vorüber war. Ich stand nur da und auch Berger sagte nichts. Fräulein Kollmann meinte zu Kaludrigkeit, der mit seinen schmutzkrustigen Schürfwunden auf den grauweißen Gliedern, der weiten Hose, dem weiten Hemd und meinen alten Tennisschuhen traurig glotzte – sie sagte zu ihm, er solle das Maßband am Balken festhalten. Dann maß sie und sagte Achtfünfundachtzig.

Berger sagte, das gibt es nicht – bisher sei nur dieser Biemann weiter gesprungen als Kaludrigkeit und das bei den Olympischen Spielen in Mexiko, wo die Luft so dünn war, aber das würde uns niemand glauben – Berger sagte immer wieder, das gibt es nicht. Fräulein Kollmann hatte auf einmal ein Leberwurstbrot, kaute und trank Kaffee aus der Thermosflasche, kaute und trank und sprach mit vollem Mund und trippelte mit ihren stabilen Stampferchen und wollte völlig unsinnigerweise erfahren, wie der Biemann oder wie der heißt geschrieben wird. Berger sagte, das sei ein Ami, ein Neger meine er – solche Sportler aus Amerika seien immer Neger und er schreibe sich B-e-a-m-o-n, aber das, was Kaludrigkeit da gemacht habe, könne er trotzdem nicht glauben – der Beamon habe das auch nur einmal geschafft und sei dann völlig untergegangen – vielleicht sei er sogar schon tot. Fräulein Kollmann getraute sich nicht, den Abdruck mit der Harke zu verwischen. Sie trank und kaute und sprach, wobei ihr Speichel- und Speisereste von den Lippen spritzten. Ich sagte nichts und blickte Kaludrigkeit an, der mit tumbem Lächeln einfach nur dastand – ich klopfte ihm auf die Schulter. Berger sagte, daß wir ja noch den zweiten und den dritten Versuch auszuführen hätten. Er steigerte sich auf Vierzweiundachtzig, was für einen Büroleiter ganz gut ist. Ich kam an meine Leistung von vorher nicht mehr heran. Kasimir Kaludrigkeit ging wieder etwa dreißig Meter die Anlaufbahn entlang, drehte sich um, lief und sprang. Dieses Mal nahm Berger der runden Kollmann das

Maßband aus der Hand, um selber — aber es hätte des Messens nicht bedurft: Es waren wieder exakt Achtfünfundachtzig.

Wir brachten Kasimir Kaludrigkeit im Wagen von Berger nach Hause und Berger ließ ihn vorne bei sich sitzen, während ich mich hinten mit der immer noch oder schon wieder kauenden und leicht erhitzt wirkenden Kollmann quetschen mußte. Kaludrigkeit sagte, das sei doch nicht nötig. Fräulein Kollmann, der die Eßvorräte nie ausgingen, fragte Kaludrigkeit, in welches Kino er denn habe gehen wollen — er habe doch gesagt, er wolle ins Kino anstatt auf den Sportplatz, und als er ihr karg Bescheid gab, erklärte sie, diesen Film schon lange vorgehabt zu haben. Man könne ja gemeinsam und vielleicht hinterher noch eine Kleinigkeit essen. Berger sagte, daß man in den nächsten Tagen abends nach Büroschluß unbedingt wieder auf den Sportplatz gehen müsse. Ich schloß mich seiner Meinung an, obgleich ich bereits jetzt ein leichtes Ziehen in den Muskeln verspürte. Berger sagte auch, das sei unglaublich, was Kaludrigkeit könne — er habe einen Freund, der sei in einem Verein, und der habe einen guten Bekannten, der sei bei der Zeitung. Nach einer Weile fügte Berger noch hinzu, daß er diesen Dreikampf mit zwei ersten und einem zweiten Platz durch die Platzziffer Vier gewonnen habe — ziemlich überlegen sogar, denn Kaludrigkeit und ich müßten uns den zweiten Rang mit der Platzziffer Sieben teilen: Kaludrigkeit für zwei dritte und einen ersten Platz, ich für zwei zweite und einen dritten. Fräulein Kollmann rechnete an ihren überraschend schönen, wenn auch mit drolligen Fettgrübchen versehenen Fingern nach und meinte, das stimmt.

In der nächsten Woche gingen wir tatsächlich jeden Abend auf den Sportplatz und jedes Mal erhöhte sich die Anzahl jener Leute, die gekommen waren, um Kaludrigkeit zuzuschauen, wie er Achtfünfundachtzig sprang. Am Mittwoch oder Donnerstag stand die Geschichte endlich in der Zeitung, und am nächsten Wochenende parkten ein knappes Dutzend großer Automobile vor dem Eingang zum Sportplatz. Sie gehörten zu den verschiedenen Vereinspräsidenten und den Herstellern von Weitsprungschuhen, Weitsprungsocken, Weitsprunghosen, Weitsprungunterhosen, Weitsprunghemden und Weitsprung-Massagesalben. Diese Herren taten zunächst sehr unbeteiligt und sei seien nur zufällig einmal vorbeigekommen. Dann fragten sie ganz beiläufig Kaludrigkeit, ob sie ihn einmal kurz sprechen könnten. Fräulein Kollmann, die eines Morgens ziemlich unvermittelt erklärt hatte, sie nehme jetzt doch wieder die Pille, übernahm sehr resolut die Führung in diesen Gesprächen und entwickelte dabei eine erstaunliche Geschäftstüchtigkeit. Sie sagte mittlerweile Kasi zu Kaludrigkeit und kam manchmal mit durchgeschwitzten Achseln aus dem Raum unter dem Dach, wo Kaludrigkeit das Archiv ordnete, das wir nie benutzten — sie sagte, irgendjemand müsse sich ja um ihn kümmern, wo er doch sonst niemand habe.

Einmal war ich dabei, als einer der Herren mit den großen Autos Kasimir Kaludrigkeit alleine beiseite zog — er bot ihm eine monatliche Apanage, er könne doch die Vertretung für die Schuhe übernehmen und müsse dringend eine schönere Wohnung haben, er offerierte ihm einen Wagen, nicht ganz so groß wie sein eigener, und man könne ja mal ausgehen, um alles zu besprechen, vielleicht auch mit Weibern und so. Ich selber wurde nur von einem Reporter befragt, der stark unter Karies litt und hustete, aber die Geschichte, die dann in der Zeitung stand, erregte den Unwillen von Berger, weil er nicht darin vorkam.

Die Diskussion um Kasimir Kaludrigkeit und die sensationellen Achtfünfundachtzig führte zu den seltsamsten Perspektiven, als sich herausstellte, daß er nicht nur keinem eingetragenen Verein angehörte, sondern auch noch keine richtige Staatsbürgerschaft besaß. Ein Vertreter des Nationalen Olympischen Komitees stand eines Tages bei uns im Büro und bat um eine Unterredung mit Herr Kaludrigkeit — gerade in dem Moment kam Kaludrigkeit herein mit einem Karton voller Zeitungsausschnitte, die er zur Einordnung im Archiv vorbereitet hatte. Der Mann vom Nationalen Olympischen Komitee sprach mit einer schönen Stimme, wie ich sie von den Predigten unseres Pfarrers erinnere, die ich jährlich an Heiligabend besuche ; die naßgekämmten Haare, die er durch den Druck der gespreizten Finger in elegante Wellen gelegt hatte, verliehen ihm etwas Bubiges, während der über den Gürtel hängende Bauch dazu einen faszinierenden Kontrast bildete. Der Mann redete davon, wie beispielhaft ein Olympiakämpfer für die Jugend der Welt sei, sowohl im sittlichen als auch im sportlichen Sinne, und welche Ehre es sei, für Heimat und Vaterland an den Start zu gehen. Und selbstverständlich sei alles noch viel höher einzuschätzen, wenn man siegt. Berger stand daneben und nickte bedeutend, als würde die Rede ihm gelten. Er versicherte, daß er von seiner Seite alles tun werde, um Kasimir Kaludrigkeit so oft wie möglich von seiner verantwortungsvollen Tätigkeit im Büro freizustellen — man wisse ja, daß es hier um mehr geht, als um die Ordnung des Archivs — nicht nur das Ansehen unseres Büros und unserer Firma, sondern das der ganzen Stadt, der Provinz, ja des ganzen Landes würde steigen, wenn Kaludrigkeit Achtfünfundachtzig springt. Berger hatte bei seiner Rede in der rechten Schulter jenen devoten Knick, wie man ihn bei manchen Oberkellnern beobachten kann, wenn sie noch nicht wissen, welches Trinkgeld man ihnen zugedacht hat. Ich hätte Berger wieder in den Arsch treten mögen und dem Mann vom Nationalen Olympischen Komitee ebenfalls, aber ich stimmte ihnen beiden mit aller kopfstimmigen Begeisterung zu, zu der ich mich fähig glaubte. Unsere Unterhaltung, die der Mann vom Nationalen Olympischen Komitee, Berger und ich bestritten, wurde etwas abrupt unterbrochen, als Kasimir Kaludrigkeit plötzlich fragte, welches heimatliche Vaterland es denn sei, für das er Achtfünfundachtzig springen solle — er habe ja nicht einmal einen Paß, sondern nur eine Aufenthaltsgenehmigung.

Als Erster fand der Mann vom Nationalen Olympischen Komitee Worte: Er sagte, daß man die Sache mit dem Paß schnellstens erledigen werde — Kaludrigkeit müsse nur möglichst bald einem Verein beitreten, damit alles seine Ordnung habe. Die Frage nach dem heimatlichen Vaterland würde er allerdings nicht verstehen, weil doch hier der Ort sei, wo man ihn mit menschlicher Wärme aufgenommen und einen Platz gegeben habe, an dem er, Kaludrigkeit, nach seinen Fähigkeiten zu unserer Gesellschaft gehöre. Berger schloß sich dem vollinhaltlich an und sprach von Gefühlen und einen Scheiß von Dankbarkeit und so. Fräulein Kollmann meinte, sie würde erstmal Kaffee kochen. Kasimir Kaludrigkeit sagte gar nichts. Er nahm den Karton mit den Zeitungsausschnitten und ging ganz einfach hinaus. Der Mann vom Nationalen Olympischen Komitee sagte, daß große Sportler immer dazu neigen, ein individuelles Ich zu entwickeln. Berger entschuldigte sich im Namen von Kaludrigkeit und fügte hinzu, er werde ihm ernsthaft ins Gewissen reden. Fräulein Kollmann sagte, sie müsse mal hinaus, aber ich glaube, sie stieg Kaludrigkeit hinterher auf den Dachboden ins Archiv.

Es war wohl Berger, der dafür sorgte, daß die Geschichte in die Zeitungen kam — ich schloß das daraus, weil er immer darüber schimpfte, man habe seine Verdienste im Falle Kaludrigkeit viel zu wenig gewürdigt. In der einen Zeitung stand, Kasimir Kaludrigkeit sei es seiner neuen Heimat ganz einfach schuldig, sie mit Achtfünfundachtzig bei den Olympischen Spielen zu vertreten. In der anderen durfte der Sportredakteur gar einen Leitartikel schreiben, in dem auf die persönliche Freiheit eines Menschen hingewiesen wurde, der aus der Unfreiheit zu uns gekommen sei, und daß diese Freiheit aber auch Pflichten auferlege und bei der Freiheit des Nächsten ende. Das Blatt mit den ganz großen Buchstaben klagte die Regierung und das Nationale Olympische Komitee an, eine sichere Goldmedaille zu verschlafen und forderte Konsequenzen.

Kaludrigkeit ging indessen nur noch sehr früh morgens auf den Sportplatz, wenn niemand da war, der ihn bei seinen Achtfünfundachtzig beobachtete. Einmal fragte er mich, ob ich ihm Bücher über den Weitsprung besorgen könne, weil er glaube, sich technisch verbessern zu können. Ich war erstaunt und sagte, er sei doch schon besser als jeder andere auf der Welt. Kasimir Kaludrigkeit lächelte daraufhin und ich glaube, ich habe ihn nie zuvor und nie danach auf diese Art lächeln sehen; er sagte, er würde gerne sechs Zentimeter weiter springen — einen mehr als dieser Beamon, sagte er.

Aber Kasimir Kaludrigkeit sprang immer nur Achtfünfundachtzig, fünf weniger als Beamon. Trotzdem hatte ich den Eindruck, er würde zufriedener wirken. Es war allerdings eine grämliche Zufriedenheit, wie sie manchen Leuten zu eigen ist, die immer, wenn sie wieder einmal Pech gehabt haben, sagen, daß sie es ja schon immer wußten. Ich war mir nicht ganz sicher, ob die Sache mit Fräulein Kollmann immer noch lief. Sie war eine Zeitlang regelmäßig in der Mittagspause hinauf ins Archiv gegangen, nicht ohne größere Eßvorräte und den Hinweis, daß sich ja sonst keine Menschenseele wirklich um den armen Kerl kümmert — irgendwann erzählte sie auch, daß sie sein Zimmer zu Hause aufgeräumt habe, da hätte es schlimm ausgesehen. Aber dann kam sie eines Tages gleich wieder zurück vom Dachboden aus dem Archiv und wunderte sich, daß Kasi wohl fortgegangen sei, ohne ihr etwas zu sagen — so würde es ja auch nicht gehen. Aber als Kasi dann pünktlich zur Arbeitszeit wieder da war, mochte sie ihn wohl in meiner Gegenwart auch nicht fragen. Auf jeden Fall saß sie jetzt in der Pause wieder da, hatte die knubbeligen Beinchen auf dem Tisch und löffelte fettige Salate.

Nun gut — ich gebe es zu, daß ich eines Tages einmal etwas länger im Büro blieb. Als die anderen alle fort waren, ging ich hinauf in Kaludrigkeits Bodenkammer, nur um einmal zu sehen, in welcher Umgebung er so arbeitet. Da lag seine Tasche und ich brauchte sie gar nicht aufzumachen — sie war offen, oder zumindest fast offen. Ich bin wirklich keiner, der sonst herumspioniert, aber die vielen Briefe neben dem sorgfältig zusammengefalteten Butterbrotpapier fielen mir praktisch von allein in die Hände. Die Briefe trugen Absender aus New York, aus Moskau, Paris, London, Frankfurt — oben drauf lag einer von dem arabischen Scheichtum, welches durch seine reichen Ölvorkommen weltweite Zuvorkommenheit genießt. Da stand zu lesen, daß man dem sehr verehrten Herrn Kasimir Kaludrigkeit die Staatsbürgerschaft und eine halbe Million anbiete, wenn er sich entscheiden könne, seine besondere Fähigkeit des Weitsprungs von Achtfünfundachtzig bei den nächsten Olympischen Spielen für eben dieses Scheichtum einzusetzen. Eine weitere halbe Million werde man bei einer Schweizer Bank deponieren — über diese Summe könne er verfügen, wenn er am Bankschalter die Goldmedaille und das olympische Diplom vorzeige, welches auf seinen und den Namen des Scheichtums ausgestellt sei. Ich steckte die Briefe und das Butterbrotpapier mit nur mäßig schlechtem Gewissen wieder in die Tasche.

Es war wieder ein Montag, als Kasimir Kaludrigkeit nicht zur gewohnten Zeit im Büro erschien — ich weiß das ganz genau, weil Berger die Fußballergebnisse durchnahm und ich ihm beipflichtete. Wir glaubten zunächst, er sei vielleicht krank geworden, und Fräulein Kollmann erklärte sich sofort bereit, ihn zu Hause aufzusuchen, weil sich ja sonst keiner um ihn kümmert — wahrscheinlich bräuchte er dringend einen Arzt. Aber wie Fräulein Kollmann am nächsten Tag etwas aufgeregt erzählte, habe sie lange geklingelt

und geklopft – es sei schließlich der Hausmeister gekommen, und der wußte zu berichten, daß Herr Kaludrigkeit mit unbekanntem Ziel verzogen sei. Er, der Hausmeister, müsse aber zugeben, daß Kaludrigkeit ordentlich gekündigt und auch seine Miete bezahlt habe – er wundere sich, daß man davon im Büro nichts wisse. Fräulein Kollmann seufzte ein wenig, als sie mit der Geschichte zu Ende war, und Berger meinte, man könne den Arbeitsplatz jetzt auch einsparen, weil von uns ja doch niemals einer das Archiv benutzt.
Einige Wochen später las Berger wieder die Sportseite der Zeitung während der Pause. Mit einem Male meinte er, er müsse uns etwas Interessantes vorlesen – da sei in einem arabischen Scheichtum, welches durch seinen Ölreichtum weitweites Ansehen genießt, ein Weitspringer entdeckt worden, den man unbedingt zu den Favoriten für die Olympischen Spiele zählen müsse – er sei Achtfünfundachtzig gesprungen und sein Name sei Kasi ben Kalu. Berger sagte, daß der Pollack Kaludrigkeit es gegen diesen Neger wahrscheinlich sowieso nicht geschafft hätte und wir sollten froh sein, daß wir den los sind. Ich hätte Berger gerne wieder in den Arsch getreten und pflichtete ihm bei. Fräulein Kollmann sagte gar nichts und aß einen Salat aus Nudeln und Mayonnaise.

Der Anpfiff
oder
Fußballreportage
von Thomas Mann

Der Mann im schwarzen Kleide, Sproß ehrlicher, wenn auch fleißiger Eltern
des Namens Ludri, die des Kindes Konrad Hang zu diesem Spiel einst
wohlwollend streng betrachteten, ohne Gram zwar, doch auch des Eifers
entbehrend, den Vater und Mutter gleichwohl gerne ihrem einzigen Sohne
ebnend auf den Lebensweg zu geben pflegen, betrat den Rasen aus der
dunklen Tür kommend, welche durch die dahinterliegende Finsternis den
Eindruck unendlicher Höhlen und Katakomben hinterließ – Ahnungen des
Geruchs bitterer Schweißes und süßlich-herb duftenden Öls zur Behandlung
straffgespannter Muskeln der Athleten vermittelnd, die den lauten Jubel der
Besucher auf den steinigen Stufen der Arena allerdings kaum zu durchdringen
vermochten: Jener Mann also sah sich bemüßigt in einem Augenblicke
innerer Einkehr (oder war es das Bewußtsein der Größe dieser Stunde, die
immer wiederkehrend nur einmal im Jahre Volk und Vaterland einigend
bindet, so wie es die christlichen Feste tun?), stehenzubleiben an der schnee-
weißen Linie, die das Spielfeld abgrenzt gegen die äußere Welt, in der das
Leben weitergeht an diesem Bruchteil des Siebtels der Woche, welches wir
den Samstagnachmittag zwischen halb vier und viertel nach fünf nennen –
er stand dort, wo jene andere Linie in absolut gleicher schneeiger Weiße den
Rasen teilend in zwei gleichgroße Felder auf die Außenlinie traf, und hielt
einen Moment inne, bis sich ihm zur Rechten und zur Linken gänsemarschie-
rend die Spieler beider Mannschaften aufgeregt trippelnd, Rennpferden vor
dem Start ähnlich, zugesellten, ihn mit Ungeduld sinnbildlich zu stoßen
schienen, so daß er mehr gezwungen denn freien Willens weiterschritt rund
dreißig Meter bis zur Mitte dieser Wiese, deren Zentrum in einsamer Arbeit
der Gärtner am Morgen kreisrund markiert, um den Regeln recht zu geben,
nach denen die Spieler in den farbigen Hemden – rot die einen, blau die
anderen – sich zu richten versprochen, um die Besucher zu unterhalten und
zu belehren, wer wohl der Stärkere sei in diesem Spiel mit dem Ball aus
schwarzweiß gefärbtem Leder, den zu treten es kunstvoll galt in ein aus

schmucklos weißen Balken gezimmertes Tor; der Mann in schlichtem Schwarz, welches durch seine korrekten Falten die sorgsame Hand verriet, die daheim das Bügeleisen zu führen versteht, hielt den selbstbewußten Schritt ein exakt in der Mitte jenes Kreises, und während aus elektronisch verstärkten Geräten die Namen der Sportler aufgezählt wurden (ähnlich der Aufzählung von Stationen am Bahnhof, die zu verstehen dem unrastig Reisenden ebenfalls schwerfällt), gelang es ihm, zwei von ihnen herbeizuwinken mit einer Gebärde, die einerseits Respekt heischte, andererseits Würde auszudrücken sich bemühte – zwei der Akteure lösten sich aus der Gemeinschaft der Kameraden, schlenderten in der die innere Spannung nur schlecht verdeckenden gespielten Gleichgültigkeit zu jenem Manne im schwarzen Gewand, der ihnen das gewohnte Glücksspiel mit der Münze vorschlug, Kopf oder Adler, den Wind im Rücken oder besser das Sonnengestirn mit seiner blendenden Glut galt es zu entscheiden, wobei es des Bemerkens wert erscheint, daß letzteres tatsächlich dort am Firmament erschienen, wo es die Wissenschaft der Meteorologen errechnet – der eine in dem roten Hemd, welches die schlanke, aber athletische Figur eher verbarg denn betonte, schien das bessere Los gezogen und winkte mit herrisch wirkender Gebärde alle anderen Roten dorthin, wo der leichte Sommerwind (der aufzufrischen von gewaltigen Haufen des Kumulus versprochen wurde) Unterstützung beim Treten des Balles oder dem gewagten Stoß mit der Stirn bringen sollte, währenddessen jener Sportler in der blauen Bluse mit den Seinen die andere Seite einnahm, gesenkten Hauptes, als würde er nach dem verlorenen Münzenspiel bereits ein Omen sehen über den Verlauf des weiteren um die Meisterschaft, das zu beginnen sich der Mann in Schwarz nunmehr bemühte, nachdem er den Ball auf seine Festigkeit geprüft, die Position der lauernden Athleten und auch ihre Zahl kontrolliert (denn was wäre peinlicher und ungerechter als eine Differenz schon vor Beginn der Auseinandersetzung?) und mit koketter Bewegung des linken Arms die am Handgelenk befestigte Uhr eines langen, fast abschiedshaften Blicks bedacht, während die rechte Hand gleichzeitig jenes Instrument zum Munde führte, welches fortan – betrieben durch den hart aus der Lunge getriebenen Atem – Zeichen setzen sollte, sowohl den Beteiligten als auch jenen auf den steil aufragenden Tribünen, wo sie – nicht achtend der architektonischen Leistung dieses Bauwerks und der vielen Helfer, die hier Stein auf Stein zusammentragen – kaum Einhalt zu gebieten vermochten ihrer Freude der Erwartung.
Der Pfiff, obwohl erwartet, schnitt durch die laue Sommerluft wie ein Schrecken und setzte das Hin und Her in wechselvolle Bewegung, die als überraschend zu werten selbst Experten kaum zu beurteilen vermochten. Die Roten siegten 4:3.

Die Erfindungen
des Asmus R.
oder
Wie ein Nachbar
zur Last werden kann

Im Grunde ist gegen Asmus Rackettski als Nachbar überhaupt nichts einzuwenden. In seiner Höhle hält er schwer auf Ordnung, die Kinderchen hat er
wirklich bestens in Schuß, und wenn er im Winter einen Mammut oder einen
Bären erwischt, gibt er mindestens die Därme oder den Kopf zum Abnagen
ab, so daß wir auch etwas haben. Als Nachbar ist Rackettski also ein dufter
Typ.

Was mich an Rackettski nur schrecklich stört, ist die Betriebsamkeit, die er
abends entwickelt, wenn unsereiner es sich gerade auf der Bärenhaut bequem
gemacht hat und ein Krügchen Met nach des Tages Last und Hitze genehm-
igt. Was mich anbetrifft, so bin ich nämlich rechtschaffen müde, wenn
ich den Tag über an meinem neuen Steinbeil geschliffen habe oder einige
Pfeilspitzen fertigbrachte. Vielleicht noch ein bißchen in die Ferne gucken,
ein gutes Gespräch über den nahenden Winter führen, einige Nüsse kauen
oder die Kinderchen ein wenig verprügeln — dann nichts wie ab in Sonjas
Lager. Sonja ist mein warmes Weib und wir haben vierzehn Kinder.

Anders Rackettski, der einfach keine Ruhe findet — es muß tief in ihm eine
fortwährende Unrast herrschen. Er war noch kaum in die Höhle nebenan
eingezogen, als er schon am Eingang zu meiner Höhle stand. Zuerst glaubte
ich, es sei nur der übliche Höflichkeitsbesuch, den man als neuer Nachbar
ja machen muß, weil sonst die Leute sagen, man sei ein sturer Stiesel. Aber
Asmus Rackettski kam nicht nur aus Höflichkeit, sondern um mir seinen
Speer zu zeigen. Es war in der Tat ein schöner Speer mit einer scharfen
Steinspitze, die durch ein Bärenfell flutscht wie nichts. Dann verlangte er,
meinen Speer zu sehen, der längst nicht so schön ist, aber seinen Dienst
ausreichend verrichtet — ich habe ihn aus zweiter oder dritter Hand bei
einem Altspeerhändler gegen ein Steinbeil eingetauscht. Kaum hatte Rackettski meinen Speer erblickt, schlug er schon vor, wir sollten doch einmal
probieren, wer seinen Speer weiter werfen kann.

Ich hielt das von vornherein für einen gewaltigen und kräfteraubenden

Blödsinn, einen Speer einfach so zum Jux zu werfen. Aber mein warmes Weib Sonja sagte: „Rimisa Dulak, Du bist das dickste und faulste Schwein diesseits der Berge, warum wirfst Du mit dem netten Herrn Rackettski nicht zum Spaß den Speer? Ein bißchen frische Luft wird Dir gut tun und Du bleibst in Übung!" Ich sollte hier vielleicht einfügen, daß der Name Rimisa Dulak mir von meinen Eltern vererbt wurde – mein warmes Weib Sonja nennt mich sonst aber nur Dulak, es sei denn, es sind Fremde dabei wie Asmus Rackettski und sie will einen besonders liebevollen Eindruck hinterlassen. Nur um Sonja nicht zu ärgern und um der guten Nachbarschaft willen tat ich also mit. Sein Speer flog selbstverständlich einige Klafter weiter als meiner, was nicht so schlimm gewesen wäre, wenn von meinem Speer nicht zu allem Ärger die Spitze abgebrochen wäre. Selbstverständlich eilte der gute Nachbar Rackettski sofort hinüber in seine Höhle und überließ mir leihweise seine Ersatzspeerspitze. Aber mein warmes Weib Sonja und die vierzehn Kinderchen verloren sichtlich einiges von jenem Respekt, den mir entgegenzubringen ich ihnen mit sehr viel Mühe beigebracht hatte.

So ging das in der Folgezeit fast jeden Abend. Einmal brachte Rackettski runde gleichgroße Kiesel vom Fluß und besiegte mich im Kieselweitwurf. Ein andermal forderte er mich zum Wettlauf auf, bei dem ich sicherlich gewonnen hätte, wenn ich nicht an einer Wurzel gestrauchelt wäre. Und immer stand mein warmes Weib Sonja daneben mit den vierzehn Kinderchen – sie schwieg und schaute und machte diese Mundwinkel, die ich für den Tod nicht ausstehen kann. Sie verweigerte mir gar den Gehorsam, als ich sie anwies, dem Rackettski zu sagen, ich sei noch auf der Jagd oder würde bereits schlafen, wenn er das nächste Mal kommt – sie meinte, man dürfe einen so guten Nachbarn wie Asmus Rackettski nicht anlügen, und überhaupt sei es typisch für mich, wenn sie gewußt hätte, wie ich mich entwickele, wäre sie nie in meine Höhle gezogen, außerdem hätte ich ihr die Jugend gestohlen. Um es sanft auszudrücken: Es gab einige Spannungen in der Höhle des Rimisa Dulak, welches ehemals ein stolzer Name war.

Rackettskis Erfindungsreichtum schien ohne Grenzen und seine Demütigungen nach Feierabend nahmen täglich zu. Wobei ich gerne zugebe, daß es seinerzeit noch leichter war, etwas zu erfinden – aber mußte das denn alles an mir ausprobiert werden? Eines Tages steckte Asmus Rackettski beispielsweise die Harnblase einer wilden Sau, die er erlegte, in den Balg eines Hasen. Dann blies er die Blase mit seiner gewaltigen Lungenkraft auf, so daß der darumgelegte Hasenbalg ganz stramm war, und nannte das einen Ball. Ich lachte und fragte, was man damit den anfangen könne, und was denn überhaupt dieser dämliche Name soll für das unnütze Ding. Rackettski ließ den aufgeblasenen Hasenbalg mit der Harnblase der Sau fallen und ich mußte mit Erstaunen feststellen, daß er hüpfte, als ob ein Frosch darinnen sei.

Rackettski sagte, man könnte damit spielen – ich sagte, das ist Kinderkram. Rackettski hielt entgegen, daß es sicherlich schön sei, mit den Kindern zu spielen. So traten wir also mit den Füßen dagegen, fingen es mit den Händen und warfen – obgleich ich mich bei solcher Tätigkeit ein wenig vor den Kindern genierte, gebe ich zu, daß es dazu diente, die Zeit bis zum Einbruch der Dunkelheit totzuschlagen.

Indessen hatte sich Asmus Rackettski schon wieder eine neue Teufelei ausgedacht: Er fällte einige gerade gewachsene Tannen, hieb ihnen die Äste ab und fügte je drei von ihnen zu zwei Toren zusammen, die er in einem Abstand von etwa hundert Schritten gegenüber aufstellte. Ich sah da nun wirklich keinen Sinn, weil man froh sein soll, wenn man quer über eine Wiese gehen kann, ohne da auch noch Tore passieren zu müssen. Aber Rackettski entschied, daß man den Ball aus dem Hasenbalg und der Wildsau-blase durch diese Tore treten müsse – unsere Familien sollten dabei gegen-einander treten, und wer zuerst den Ball in das Tor der anderen tritt, hat gewonnen. Es entbrannte alsbald ein wilder Kampf und ich muß zugeben, daß mein warmes Weib Sonja ausgesprochen hitzig dazwischen fuhr, wenn es galt, den Ball weit von unserem Tor wegzuschlagen. Nachdem der Kampf lange ergebnislos hin und her wogte, fiel mit dieses zappelige Fell vor die Füße – ich trat mit aller Kraft, weil ich glaubte, wenn das Ding kaputt ist, müsse auch das bescheuerte Spiel aufhören – aber das saublasige Hasenfell (das Wort ‚Ball‘ geht mir nur schwer über die Lippen) flog und flog und landete direkt im Tor der Familie Asmus Rackettski. Ich fühlte ein starkes Glücksgefühl, als ich von meinen vierzehn Kinderchen und auch von meinem warmen Weib Sonja stürmisch umarmt wurde – eine Gruppe anwesender Nomaden erhob ebenfalls ein lobendes Geschrei, was mein Ansehen erhöhte. Asmus Rackettski sprach sehr faire Glückwünsche aus, bemerkte allerdings, daß seine Familie lediglich über elf Kinderchen verfüge und deshalb im Nachteil gewesen sei. Ich riet ihm, dieses Manko auf das schnellste auszu-gleichen, wozu sich schöne und ruhige Abende am besten eignen.

Asmus Rackettski ließ mich jetzt eine Weile abends immer zufrieden, aber diese Tatsache machte mich eher mißtrauisch. Dieses Mißtrauen wuchs noch, als ich sehen mußte, wie er einen kleinen Platz einebnete und mitten über diesen Platz einen aus Hanf geflochtenen Zaun anlegte, etwa nabelhoch. Ich beschloß, seine Vorkehrungen nicht zur Kenntnis zu nehmen, aber mein warmes Weib Sonja, deren Wißbegierde sprichwörtlich ist, drang in mich: Ich müßte Asmus Rackettski unbedingt fragen, was das soll – vielleicht sei es wieder so ein Spiel, bei dem wir immer gewinnen wie zuletzt beim Treten nach der Saublase. Sie ging sogar so weit, mir einige Nächte ihr warmes Lager zu verwehren, und solcherart gezwungen blieb mir nichts anderes übrig, als Rackettski zu fragen. „He Rackettski", sagte ich, „ich komme

gerade zufällig vorbei – was machst Du denn da Schönes?" Rackettski
sagte: „Gut, daß Du kommst – ich habe wieder ein neues Spiel erfunden
– ich muß es Dir unbedingt zeigen!"
Asmus Rackettski lief in seine Höhle und kam wenig später mit den seltsamsten Gerätschaften zurück. Zunächst einmal zeigte er mir einen ganze Reihe
faustgroßer Hasenharnblasen, die er aufgeblasen und in den Balg von
Maulwürfen gesteckt hatte. Ich zeigte mich verständnisvoll und sagte: „Ach
ja – lauter kleine Balls!" (Wir taten uns damals noch schwer mit dem
Plural!)
Rackettski sagte: „Das ist noch nicht alles. Schau Dir das einmal an!" Er
zeigte mir eine fingerdicke Weidenrute, die er ähnlich zusammengebogen
hatte, wie einen Kescher, den man zum Fischen braucht. Aber dort, wo beim
Kescher das lockere Netz hängt, hatte Rackettski getrocknete Därme straff
miteinander verflochten. Ich fuhr mit der Hand über die Därme, und es
gab einen dumpf brummenden Ton. „Wunderbar", sagte ich, „ein neues
Musikinstrument!" Wobei ich darauf hinweisen sollte, daß ich Musik sehr
liebe – vor allem beim Zuhören, weil man dabei die Augen schließen kann
und so aussieht, als würde man genießen, selbst, wenn man ein bißchen
schläft. Rackettski sgte: „Ganz falsch – mit diesem Gerät kann man den
kleinen Ball schlagen!" Ich sagte: „Ha – dann mußt Du das alleine tun,
denn wir können ja nicht beide diesen Kescher anfassen, der so schöne
Töne von sich gibt!" Rackettski sagte: „Nochmal falsch – ich habe zwei
gemacht!" Ich sagte: „Und wie soll dieses neue Gerät heißen?" Rackettski
sagte: „Es wird mich unsterblich machen, denn ich werde es nach meinem
Namen benennen – es soll Rackett heißen!" Dann sagte er noch: „Laß
uns anfangen!"
Ich dachte an die kühler werdenden Abende und an Sonjas warmes Lager
– ich nahm also das zweite Ding, das sich Rackett nennen sollte – Asmus
Rackettski stand schon auf dem kleinen eingeebneten Platz hinter dem nabel-
hohen Zaun – er sagte: „Du mußt auf der anderen Seite des Zauns
stehen!"
Dann warf er eine der in einen Maulwurfsbalg gehüllten Hasenharnblasen
hoch und schlug mit den getrockneten Därmen seines nach ihm benannten
Geräts dagegen, so daß der Hasenblasenmaulwurfsbalg über den Zaun und
an mir vorbeiflog. Ich sagte: „Na und?" Asmus Rackettski sagte: „Du
mußt mit Deinem Rackett den Ball zurückschlagen!" Ich sagte: „Und wenn
ich nicht treffe?" Asmus Rackettski sagte: „Dann werde ich diesen Schlag
ebenfalls nach mir benennen – ich finde die Bezeichnung As sehr schön!"
Ich wollte Asmus Rackettski ja auch im Hinblick auf Sonjas warmes Lager
nicht widersprechen, aber ich hielt das für ein saublödes Spiel, und wenn
Rackettski nicht manchmal ein wirklich guter Nachbar gewesen wäre, hätte

ich ihn mit seinen Gerätschaften und seinem Zaun allein gelassen. Ich blieb also noch ein Weilchen, und wir schlugen die Bälle mit dem Rackett über den Zaun – das heißt, meistens rannten wir herum und sammelten die Bälle aus der Umgebung zusammen, bis es zu dunkel wurde.

Als ich in meine Höhle kam, bot Sonja mir sofort ihr warmes Lager an, was aber ausschließlich auf ihre Wißbegierde zurückzuführen war. Sie fragte denn auch gleich, was Asmus Rackettski da erfunden habe, aber ich war müde und sagte: „Den Quatsch, den er sich dieses Mal ausgedacht hat, wird nie einer begreifen!"

Karlchen mit den Oberschenkeln
oder
Eine Galeere ist gar nicht so schlimm

Kannst Du Dich noch an Karl Kasimir erinnern? Das ist der Typ mit den Oberschenkeln — wenn der in die Pedalen tritt und den Buckel krumm macht, sieht es aus, als ob die anderen einfach stehenbleiben. Ich sage Dir, keiner hat einen solchen Spurt wie der. Wenn sie im Feld geschlossen ankommen, und Karl Kasimir ist vorn bei den Leuten, kannst Du sicher sein, er gewinnt. Selbst nach zweihundertfuffzig Kilometern — wenn sie ihn behindern, festhalten am Hemd, einschließen, kommt er von außen; fährt zwanzig Meter Umweg und ist immer noch besser, als die anderen Krampen. Aber er hat auch Oberschenkel, so was hast Du noch nicht gesehen. Auch die Weiber sind ganz scharf auf Karlchens Oberschenkel — beim Sechstagerennen läuft da jede Nacht was und immer 'ne andere, da kannst Du bloß noch staunen. Karl Kasimir kann heute noch dabei sein, aber eines Tages sagt er, jetzt ist Schluß und steigt in die Spedition ein, wo er die Tochter heiratet, die figürlich absolute Torte ist, aber sonst ein böser Finger. Anschließend hörst Du nie wieder was von Karl Kasimir, weil er sich ums Geschäft kümmert und ganz verrückt ist nach dem bösen Finger, aber die kriegt keine Kinder. Eines Tages — ich weiß den Tag wie heute — ist die Spedition pleite und Karlchen sitzt zu Hause, aber seine böse Alte kriegt einen Job und bringt genügend heim, so daß sie leben können und auch die Hypotheken. Das war die Zeit, wo die Ehe von Karlchen mit dem bösen Besen in den Arsch ging — da nutzten ihm auch die Oberschenkel nichts. Das ist, wie ich Karlchen Kasimir bei Harry treffe, wo er sich gerade ganz gewaltig einen reintut — immer ein Helles und einen Kurzen dabei. Er ist ein bißchen dicker geworden, aber immer noch die dufte Type, ganz schnell beim Aufreißen und gibt auch einen aus.

Ich weiß den Tag bei Harry noch genau — muß Ende der siebziger Jahre gewesen sein, denn in der Zeitung steht, daß ein Verrückter sein Fahrrad umbaut und damit über den Ärmelkanal fliegt, Dover-Calais oder umgekehrt, weiß ich nicht genau. Karlchen liest das und lacht sich halbtot. Er sagt, das hätte er immer noch drauf, obgleich er schon lange kein Training macht: Wenn Du lumpige zehntausend Kilometer in die Beine kriegst, trittst Du das bißchen runter wie nichts, es sei denn, der Propeller fliegt weg, weil Du zu viel Kraft hast. Ich muß dazu sagen, daß Harry eine der besten Kneipen der Welt hat, eine richtig prima Pinte mit Bar und Stühle und Tische aus dunkelbraunem Holz, kein Plastik, und die Fenster sind so, daß Du schon nachmittags hingehen kannst, ohne daß die Sonne Dich blendet, schönes Halbdunkel. Karl Kasimir ist oft schon am Nachmittag da für eine kleine Erfrischung, ein Helles und einen Kurzen dabei, weil zu Hause nichts los ist, wenn er die Katzen von der bösen Alten gefüttert hat und ein bißchen Rosen geschnitten im Garten, manchmal auch den Rasen, wenn der böse Finger rummault und sagt, der Rasen gehöre geschnitten wegen der Nachbarn. Insofern pariert Karl Kasimir der ehemaligen Speditionstochter, denn sie bringt ja die Kohlen nach Hause und er hat keinen Job. Aber so gegen vier geht er zu Harry, denn um halb fünf kommt die Alte heim, dann trifft er sie gar nicht erst und geht somit dem Streit aus dem Wege, was für sein friedliches Wesen spricht. Nach einiger Zeit fragt Harry nicht mehr, sondern stellt gleich das Helle hin und Karlchen kann in Ruhe Zeitung lesen oder nur so vor sich hingucken. Ich denke, manchmal erinnert er sich, wie's früher war, weil er unter dem Tisch mit den Beinen so tritt, als wären Pedalen im Fußboden, aber es knarrt nur ein wenig.

Eines Tages ist Karlchen nach Katzenfüttern und Rasenmähen im Garten im Liegestuhl eingeschlafen, weil's am Abend vorher bei Harry länger dauert, und auf einmal ist der böse Finger schon zurück und macht ganz fürchterlichen Krach wegen dem Faulenzer, den sie auch noch durchfüttern muß. Ein Wort gibt das andere, denn Karlchen ist nicht gut aufgelegt, weil er gerade so schön schläft und die Alte hat den Tag über im Büro malocht und auch ganz schön sauer. Karlchen denkt, jetzt klebe ich ihr eine, aber tut es dann doch nicht und sagt, er kann ja auch ausziehen — sie sagt, dann hau' doch schon ab und kein Mensch hält Dich hier, mach' die Fliege, verpiss' Dich, was wirklich nicht die feine Art für eine Frau. Darauf feuert Karl Kasimir die Tür und ist schon weg und geht zu Harry, wo er seine Ruhe hat. Harry sagt, er hat Geburtstag und der Erste geht auf ihn, ein doppelter Kurzer und ein Helles dabei. Karlchen revanchiert sich, aber Gespräch kommt keins auf, weil alle Geschichten schon erzählt sind. So macht Harry weiter an einem Kreuzworträtsel 'rum und Karlchen guckt in die Zeitung. Zuerst hinten den Sport, 'mal sehen, wer Mailand-San Remo gewonnen hat — irgendein Holländer, ein Grünschnabel, dem hat er vor ein paar Jahren auf achtzig Meter Spurt fünfzehn Meter abgenommen, richtig naßgemacht hat er den damals, worauf Karlchen noch ein Helles nimmt.

Am Anfang, als Karl Kasimir keinen Job hat, liest er auch immer die Stellenanzeigen, aber jetzt ist das schon lange nur noch so Gewohnheit, denn keiner will ihn haben und auf kräftige Oberschenkel rückt keiner einen Zehner rüber. Heute findet er eine Anzeige, wo er hängen bleibt mit den Augen und denkt, das wäre was, aber sie werden doch wieder einen anderen nehmen, aber er reißt doch schnell den Schnipsel mit der Anzeige aus der Zeitung, leise, denn Harry hat es nicht gerne, wenn einer seine Zeitung zerreißt. Aber Harry guckt schon, so daß Karlchen schnell noch ein Gedeck kommen läßt für beide, weil Harry ja Geburtstag hat. Es kommen mit der Zeit noch eine Menge guter Kumpel, auch einige Mädels und Karlchen läuft zu großer Form auf, rein trink- und aufreißemäßig gesehen, wobei man sagen muß, daß Harry sich nicht lumpen läßt. Ich weiß nicht genau, ob Karlchen nun tatsächlich mit der dünnen Margot abzieht, an der er rummacht; die ist ganz wild auf stabile Oberschenkel, kann aber auch sein, daß Karlchen irgendwann die Schnauze voll hat und alleine geht. Auf jeden Fall wird er nächsten Mittag wach und denkt, warum schlafe ich auf dem Sofa und nicht im Bett, und wie er über dieses Problem nachdenkt, sucht er eine Fleppe in der Jackentasche und zieht mit der Packung auch den Zettel ’raus, den er gestern bei Harry aus der Zeitung rausgerissen. Karlchen legt den Zettel auf den Tisch und sucht eine Tablette gegen Kopfschmerzen und muß die runterspülen, findet aber im Kühlschrank kein Bier, obgleich er genau weiß, daß noch eins da war. Da kriegt er schon wieder eine Wut auf die Alte, die das Bier weggesoffen hat und geht ins Zimmer zurück, wo der Schnipsel aus der Zeitung immer noch liegt – da steht drauf: SAUBERE UMWELT? AUCH SIE KÖNNEN DAZU BEITRAGEN! LEICHTE KÖRPERLICHE ARBEIT – REISEN UM DIE GANZE WELT – HOHE BEZAHLUNG – ÄRZTLICHE UNTERSUCHUNG GEWÄHRLEISTET – LANGFRISTIGE VERTRÄGE ERWÜNSCHT. Und die Telefonnummer. Karlchen denkt, wegen der Spannungen zu Hause wäre Verreisen nicht schlecht und der Versuch kostet nichts – am Telefon sagt ein hochdeutsches Fräulein, er kann ja mal vorbeikommen, nur gesund muß er sein, vor allem Lunge und Herz, Sportler wäre nicht schlecht. Karlchen will schon von seinen Oberschenkeln erzählen, aber die Hochdeutsche sagt, er kriegt zwei Riesen auf die Hand, aber er muß erstmal hinkommen.

Auf Grund der zwei Riesen geht Karlchen unter die Dusche und rasiert sich vorsorglich. Dann füttert er die Katzen und holt einen Zettel, um der alten Keifnudel aufzuschreiben, daß er einen erstklassigen Job hat, aber dann schreibt er den Zettel doch nicht und geht. Im Vorzimmer sitzt die Hochdeutsche, die sich bei näherem Hinsehen nicht lohnt, aber sie verweist ihn in das nächste Zimmer, wo ein Doktor sitzt und Fragen stellt und freundlich dazu nickt. Dann ist da noch ein Zimmer und Karlchen muß auf ein Fahrrad ohne Räder, dafür kleben ihm zwei andere Fräuleins lauter Drähte an den Bauch und den Rücken. Die Fräuleins können das Staunen über die Oberschenkel kaum verbergen, und Karl Kasimir tritt wie der Teufel, weil ihn die Bewunderung schmeichelt. Außerdem denkt er an zwei Riesen Vorschuß und wie sie bei Harry sich wundern werden, wenn er da abends auftaucht und einen ausgibt. Nach einer Weile machen sie die Drähte wieder weg und der Doktor sagt, Herr Kasimir soll sich doch erst unter der Dusche frisch machen, dann müssen sie noch reden. So kommt Karlchen zur zweiten Dusche an einem einzigen Tag, was schon lange nicht mehr der Fall war. Nachher sind da sogar zwei sehr höfliche Herren, die fragen sehr viel, was Karlchen nicht alles versteht, und zuletzt legen sie ihm ein Papier vor, was Karlchen unterschreibt, gleich auf drei Jahre. Zuletzt denkt Karlchen, er kann nun gehen und fragt nach den zwei Riesen, oder wenigstens einen will er haben, weil er zu Harry möchte – aber sie sagen, er muß schon gleich die erste Reise unternehmen, das hat er ja auch unterschrieben. Karlchen denkt noch, ob er den bösen Finger anrufen soll, aber dann läßt er es – er denkt, sie kann mich mal und wo sie gestern doch gesagt hat, ich soll mich endlich verpissen.

Ich weiß noch, wie sie Karlchen mit dem kleinen Omnibus, wo noch ein paar Typen drinsitzen, zum Flughafen 'rausfahren, wo sie jetzt diese neuen Flugzeuge haben, die allgemein sehr gelobt werden, weil sie für die Anlieger keinen Lärm machen und selbst die Wäsche kann man hängen lassen, weil sie auch keinen Schmutz machen. Sie führen Karlchen an so einen Flieger und erklären ihm lang und breit, wie das geht: Sie sind insgesamt fünfundvierzig, von denen fünfzehn immer gerade Schicht haben und treten müssen, während die dreißig anderen eine Erholungsphase durchmachen. Immer fünf Stunden treten, zehn Stunden Erholung, das erscheint Karlchen ein faires Angebot. Sie haben für die Erholung Hängematten aufgehängt, weil die sehr platzsparend sind – an jeder Hängematte ist ein Eimerchen mit Flüssigkeit und von dem Eimerchen hängt ein dünner Schlauch. Karlchen kriegt in die Armbeuge eine Kanüle installiert, wo man den Schlauch dranstecken kann, und aus dem Schlauch kommt alles, was Du brauchst, wenn Du fünf Stunden treten mußt, damit der Flieger umweltschonend funktioniert: Alle Arten Nährmittel, damit Du bei Kräften bleibst – dazu einen Dämpfer zu Beginn der Ruhephase und einen Wachmacher, wenn die zehn Stunden vorbei sind, damit Du beim Treten gleich voll da bist.

Alles das begreift Karl Kasimir nach und nach und will auch nicht fragen, weil das ja blöde ist vor den anderen, die das schon alles wissen oder zumindest so tun, als ob sie's wüßten. Zuerst einmal kommt Karlchen auf die kurzen Europalinien Zürich-Stuttgart oder Wien-München, wo alle ausprobiert werden, damit man sieht, was sie drauf haben. Da merken sie ganz schnell, was mit Karlchens Oberschenkeln los ist – so eine Kapazität hatten sie überhaupt noch nie und wenn alle solche Oberschenkel hätten,

kommt man mit der Hälfte der Belegschaft aus. Deshalb wird Karl Kasimir
schnell befördert und kommt auf den Transozeanflieger nach New York, da
sind sie sechs Tage unterwegs, wo man Schlappschwänze nicht gebrauchen
kann und außerdem gibt es doppelte Bezüge. Aber Karlchen sind die Bezüge
schon ziemlich egal, weil er sie sowieso nicht ausgeben kann — nicht mal
Zeit für'n Helles und einen Kurzen dabei, immer nur treten und dann zehn
Stunden Ruhe in der Hängematte am Tropf.
Die Ruhe ist Karlchen am liebsten, vor allem wenn Du richtig abgeschlafft
von der Treterei kommst und Dich in die Hängematte haust — nur noch
den Schlauch an die Kanüle, dann vergehen Dir ganz schnell die Schmerzen
in den Muskeln und wenn Du die Augen zumachst, siehst Du bunte Ringe,
die ziehen hin und her, zerfließen ineinander und bilden sich neu, ist besser
als Kino. Dann zerdröselt sich das alles und Du bist weg, aber der Saft fließt
weiter in Dich rein, damit keine Zeit vertan ist mit Herumquatscherei und
Essen oder Trinken. Ich weiß, daß der Käpten nach gut neun Stunden einen
Zentralhahn aufdreht, damit der Wachmacher zu Dir kommt — das ist auch
sehr schön, nicht so ein lauter Wecker oder Sirene, sondern das kommt,
ohne daß Du es merkst: Zuerst wieder die roten-grünen-blauen-gelben
Kreise, dann hörst Du von nebenan das Treten von der Schicht vorher und
weißt, gleich kommst Du wieder dran, aber es dauert noch ungefähr ein
Viertelstündchen — dieses Viertelstündchen haben sie bei der Dosis ganz
genau bemessen, weil es Fröhlichzeit ist — wenn einer fröhlich zum Treten
geht, schafft er ein paar Watt mehr, was sich auf die Dauer auszahlt.
Karlchen findet das Meer unten auf die Dauer langweilig, nur mal ein
Fischdampfer, denn die großen Pötte nehmen eine andere Route. Deswegen
schaut er beim Treten auch gar nicht mehr zum Fenster raus, obgleich der
Käpten nichts dagegen hat. Er weiß natürlich genau, daß man bei fünf
Stunden nicht gleich lostritt wie in Irrer, sondern zunächst immer gleich-
mäßig, damit man richtig warm ist, aber nicht zu sehr — so hat er auch
früher immer, wenn das Hauptfeld die ganzen zweihundertfuffzig Kilometer
zusammenbleibt und zuletzt ein Schrei durch das Volk geht, wenn Karl
Kasimir seinen Buckel und sprintet wie der Teufel, alle anderen weit
abhängt; kein Wunder, sagen sie, bei solchen Oberschenkeln, hast Du die
Oberschenkel von dem Kasimir gesehen, sagen sie, auch manche Dame.
Karlchen weiß, daß die Ablösung das wichtigste ist — wie beim Sechstagerennen, wo er jede Nacht eine andere in die Koje — aber die Ablösung in dem
Flugzeug ist viel wichtiger: Es muß nacheinander geschehen, sonst liegen sie
im Bach. Karlchen hat jetzt eine gute Schicht, alles alte Hasen, die genau
wissen, wie das geht. Einmal hat er einen neben sich sitzen und treten, der
schaut immer auf den Tacho, der nie ins rote Feld darf — aber diese Krucke
trampelt wie ein Bekloppter gleich los und ist dann die letzte Stunde immer

ganz kaputt; dabei rechnet er auch noch aus, daß er in einer Stunde drei Watt mehr tritt, eine dämliche Krucke ist das, Einmal beginnt er zu schreien und zu treten, wobei sich herausstellt, er hat den Schlauch nicht an die Kanüle gesteckt, was streng untersagt ist – deswegen dreht er auch völlig durch, daß man ihn fesseln und verpacken muß, was relativ einfach ist: Du brauchst nur oben die Hängematte zusammenzubinden, dann hast Du so einen Typen handlich verpackt und kannst ihn in den Stauraum zum Gepäck legen, wo er nicht weiter stört.

An dem Tag, als Karl Kasimir merkt, seine Oberschenkel sind auch nicht mehr so wie früher, ist es schon zweieinhalb Jahre her, seit er dem bösen Speditionsfinger weggelaufen. Das heißt, ganz genau weiß er das nicht, denn das Gefühl für Jahre geht hauptsächlich flöten, wenn Du nur immer zehn Stunden Ruhe und fünf Stunden Treten hast. Karlchen merkt das, wie er gerade einem auf die Glatze schaut – da sitzt einer vor ihm und die Sonne scheint ihm auf die blanke Glatze, daß es richtig spiegelt. Ein solches seltsames Licht hat Karlchen nicht mehr gesehen, seit er bei Harry das Licht durch das Helle sah, oder auch durch den Kurzen dabei. Auf einmal denkt Karlchen, daß die fünf Stunden bald herum sein müssen, aber wie er über die spiegelnde Glatze hinweg nach vorne auf die Uhr guckt, sind erst knapp drei Stunden herum. Da denkt Karl Kasimir, daß er vielleicht doch besser wieder auf die kürzeren Strecken geht, wo zwar nur die doppelte Schicht ist, aber dafür nur zwei Stunden Treten. Karlchen spürt jetzt alle Muskeln. Es ist als ob die Oberschenkel gleich beim Hals anfangen und in einem Strang bis hinunter in die Zehen laufen. Am Anfang atmest Du ungefähr vier Tretbewegungen ein und vier Tretbewegungen aus, das ist die reinste Erholung – so als ob Du an der Riviera Dir die ersten tausend Trainingskilometer in die Beine holst, nur mal so eben weg. Schlimm ist, wenn Du anfängst über das Atmen nachzudenken, wenn Du zählst und einmal merkst, beim Rechtstreten atmest Du ein, beim Linkstreten atmest Du aus: links-rechts-links-rechts – das wird nie wieder aufhören, denn Du bist eine Maschine und die Oberschenkel, die einst größte Achtung besaßen, sind weiter nichts als ein Teil von der Maschine. Karl Kasimir denkt einen Moment, er wird sterben – aber dann kommt er darauf, daß Maschinen nicht sterben, sondern nur kaputt gehen. Er legt jetzt die Hände auf die Knie, um nachzuhelfen durch den Druck der Arme, was aber nicht viel nutzt – man kann dabei allerdings auf die Fingerspitzen schauen, die ganz blaubleich sind, wenn sie drücken. Karlchen sieht zum ersten Mal, daß die Fingernägel ganz kurz geschnitten sind und weiß nicht, wer sie ihm geschnitten hat, denn es gibt keine Schere oder Nagelfeile – der Typ, der damals durchdrehte, wollte sich damit die Kanüle aus der Armbeuge polksen und seither gibt's das nicht mehr. Karlchen findet das ganz richtig.

Man glaubt gar nicht, wie laut ein Herz klopft — Karlchen ist sicher, daß der Glatzkopf vor ihm das hören muß, aber der hat genug damit zu tun, seinen eigenen Herzschlag zu hören. Denn jetzt blökt auch noch der Käpten durch den Lautsprecher: wir haben vier, fünf Meter Höhe verloren, werdet ihr Kanaken wohl treten, ihr Laumänner, ihr Schlappschwänze, ihr dreckigen Schweine — kassieren wollt ihr, aber nicht treten. Da treten sie alle wie die Angebrannten, so wie als ob das Hauptfeld geschlossen einen Kilometer vor dem Ziel um die Ecke kommt und vorne sich einer vom Feld löst, die anderen stehenläßt — das Volk schreit Kasimir und hastdudieoberschenkelgesehen. Es ist ein Dröhnen in der Kabine vom Treten und Stöhnen und von den Herzschlägen — Karlchen glaubt, sein Herz hat längst aufgehört zu schlagen.

Karl Kasimir macht die Augen auf und erkennt zwei riesige Oberschenkel, die sich auf und ab bewegen, nachgedrückt von den Armen — er blickt auf die zwei Kolben, aber sie gehören ihm nicht. Karlchen denkt an den Tropf — gleich kann er in die Hängematte, den Schlauch an die Kanüle, dann ist Ruhe. Nach den ersten Reisen sagt der Arzt, Karlchen hat ganz vorzügliche Werte, Herz- und Lungenvolumen stark erweitert, wenn er einmal aufhört, muß er sich ein Fahrrad ohne Räder kaufen, in den Keller stellen, täglich treten, damit es keine Komplikationen gibt. Aber von Aufhören ist noch keine Rede. Einer legt die Hand auf Karlchens Schulter. Die fünf Stunden sind rum. Karlchen hat die Hängematte gleich vorne in der Mitte, er geht die wenigen Schritte, läßt sich fallen, fingert nach dem Schlauch, alles ist gut.

Karlchen ist schon oft in der Stadt gelandet, wo er das erste Mal startete. Früher kommt ihm manchmal die Idee, den bösen Finger anrufen oder nur hingehen ganz einfach, klingeln, sagen, da bin ich. Aber mit der Zeit erinnert er nicht mehr, auch nicht den Mund, aus dem es motzt. Es muß auch einen geben, der Harry heißt. Daran denkt Karlchen, als der Saft durch die Kanüle in ihn hineinschießt. Er sieht die farbigen Ringe, und da vergißt er die Sache mit Harry. Du brauchst den ganzen Mist nicht mehr — Du brauchst alle fünf Stunden nur die Flüssigkeit zehn Stunden lang, dann bist Du völlig okay. Selbst wenn sie Dich mit der Zeit mehr auf den kürzeren Strecken einsetzen, weil es mit den Langstrecken immer beschwerlicher wird. Eines Tages zahlen sie Dich aus, was Dir ziemlich egal ist — Hauptsache es geht immer weiter so. Herr Kasimir, sagt der Käpten zu mir, wenn Sie glauben, Sie schaffen es nicht mehr, müssen Sie eben aufhören. In der nächsten Schicht werde ich mich besonders anstrengen.

Das Schöne am Frühling
oder
Gemischtes Doppel

Es gehört zu den unumstößlichen Tatsachen, daß der Frühling wegen seiner klimatischen und biologischen Ereignisse die Beziehungen zwischen den Geschlechtern nicht nur unterstützt, sondern auch zerstört. Die während dieser Jahreszeit auftretende weit stärkere Fluktuation hat vor allem zwei Gründe: Die Zusammenführung erfolgt durch mir unerklärliche Vorgänge, deren Ursprünge offensichtlich im hormonellen oder wepsigen Bereich zu suchen sind – der Entzweiung gehen in den meisten Fällen sportive Betätigungen voraus, und hier vor allem das schöne Tennisspiel, welches im Frühling immer beginnt und selbst unter altgedienten Partnern die seltsamsten Reaktionen hervorzurufen imstande ist. Man sollte an dieser Stelle also mit allem Nachdruck darauf hinweisen, daß die Behauptung, Tennis sei ein Verlobungssport, lediglich dem Hirn eines Werbe-Agenten entsprungen ist, der für die Aufgabe bezahlt wurde, eine darniederliegende Tennisanlage mit neuen Interessenten zu versehen; es ist übrigens interessant, daß weder Tennis noch sonst irgendeine Leibesübung jemals als Heiratssport angesehen wurde. Ganz im Gegenteil: Viele bisher glückliche Gesponse entwickelten beispielsweise während eines gemischten Doppels einen so starken Widerwillen gegeneinander, daß sie mit harten Worten schieden und den Rest des Jahres getrennt von Tisch, Bett und Netz verbrachten.
Die Geschehnisse, die zu schildern dieser grundsätzlichen Einleitung unbedingt bedurften, begannen mit der lässig in den harmonischen Abend geworfenen Bemerkung der Frau K., daß wir morgen mit dem Ehepaar Karnicki verabredet seien. Ich überhörte diesen etwas unmotivierten Einwurf, da ich es schätze, Verabredungen langfristig zu treffen, um mich seelisch darauf besser einstellen zu können – ich verfolge weiter die Abenteuer eines Fernseh-Detektivs, die von Frau K. vorher als kindisch bezeichnet worden waren. Aber Frau K., die in manchen Dingen des täglichen Lebens eine grausame Hartnäckigkeit zu entwickeln bereit ist, fügte nach einer Weile hinzu: „Um halb zehn!" Ich sagte: „Was?" Sie sagte: „Tu nicht so – Du

hast es gut verstanden!" Ich sagte: „Ich habe keine Zeit!" Sie sagte: „Dann nimmst Du Dir Zeit – wir werden ein Mixed spielen!" Ich sagte: „Es geht wirklich nicht!"

Als wir am nächsten Morgen um kurz nach neun schlecht gefrühstückt auf der Tennisanlage eintrafen, waren Karnickis schon dabei, sich die Bälle mit solcher Gewalt ins Feld zu dreschen, daß ich kurz entschlossen auf die unmenschlichen Schmerzen hinwies, die mir ein nie geheilter Tennisarm verursacht. Frau K. zischte in wilder Verachtung: „Du Feigling!" Dann strahlte sie munter hinüber zu den beiden schwitzenden Karnickis und rief: „Hallo, da sind wir!" Ich knurrte: „Als ob uns die nicht längst gesehen haben!" Herr Karnicki bestätigt mein Knurren, indem er in Richtung seiner Gemahlin flüsternd schrie: „Kaum sind die da, machen sie auch schon einen Spektakel wie zehn nackte Neger!" Dann drehte er sich zu uns und winkte ebenfalls munter: „Wie nett!"

Über die Zeremonie des Umziehens will ich mich nicht länger äußern. Es war im Raum noch ein sehr dünner älterer Herr, der über die Gefahren des Fußpilzes dozierte, die sich gerade in solchen Holzrosten, wie sie hier verlegt sind, einnisten und nach der Infektion kaum noch heilbar sind. Ich vermißte meine Socken und glaubte, sie seien sicherlich in der Tasche von Frau K.; als ich im Umkleideraum der Damen danach fragen wollte, empfingen mich dort die spitzen Entsetzensschreie einer Reihe strähniger Wesen, sowie der Fauch von Frau K.: „Du bist ein Voyeur!" Die Socken hatte sie auch nicht.

Es ergab sich so, daß Frau K. mit ihrem Aufschlag als Erste drankam. Ich erklärte ihr freundlich vorher die Regeln des Spiels und meinte abschließend: „Du mußt den Ball richtig hochwerfen und dann den Schwung aus dem Rücken heraus auf den Schläger übertragen, wichtig ist die Schleife des Schlägers nach dem Ballkontakt – stelle Dich halt nicht so blöd an!" Sie erwiderte mit der Herzlichkeit eines blauen Gletschers in den Augen: „Ich werde das so machen, wie ich das immer mache!" Ich sagte: „Nach dem Aufschlag stellst Du Dich am besten an die Seite, damit Du mir nicht im Weg stehst!" Sie sagte: „Störe mich nicht!" Ich sagte: „Bitte!"

Der Ball flog dicht an meinem rechten Ohr vorbei und senkte sich, nicht scharf, aber doch ordentlich plaziert, in das dafür vorgesehene Feld. Frau Karnicki erwiderte diesen Schlag mit einem listigen Versuch längs der Linie, aber ich hatte aufgepaßt: Ich stand schon da und spielte das filzige Ding in stilreiner Haltung mit der Rückhand quer übers Netz – unerreichbar für beide Karnickis. Leider muß ein plötzlicher Windstoß dazwischen gekommen sein – der Ball blieb an der Netzkante hängen. Jeder einigermaßen erstklassige Spieler weiß, daß es solch ein Pech gibt. Frau K. hinter mir atmete vernehmlich empört und sprach irgendwas zu sich selbst. Ich sagte: „Sagtest

Du etwas?" Sie sagte: „Gib mir den Ball und gehe an die andere Seite!"
Herr Karnicki sagte: „Sehr gut gedacht!" Und murmelte zu seiner Liebsten:
„Der kommt mit seinem Bauch nie herunter – tiefe Bälle spielen!"
Wir verloren das erste Spiel fünfzehnvierzig. Den einen Punkt erhielten wir
nach einer kurzen Diskussion: Ich hatte ein riskantes Volley genau auf die
Linie gesetzt, während die Karnickis schworen, der Ball sei im Aus gewesen.
Frau Karnicki meinte lächelnd: „Wenn Sie glauben, auf diese Art gewinnen
zu müssen – nun ja...!" Frau K. blickte zweifelnd und beteiligte sich
nicht an diesem Gespräch, was mich in der Meinung bestärkte, daß ich hier
allein gegen drei Gegner zu kämpfen hatte.
Als es nullzwo stand, kam die Reihe des Aufschlags an mich. Ich hieb
ein unannehmbares As hinüber, bei dem der Ball sich weit aus dem Platz
drehte – ein Schlag, den selbst anerkannte Meister des Returns mit Gleich-
mut zur Kenntnis nehmen, weil man dagegen einfach nichts machen kann.
Ich sagte zu Frau K.: „So macht man das!" Auf der anderen Seite hob Frau
Karnicki den Arm und entschuldigte sich: „Es tut mir leid, aber ich war
noch nicht fertig – Sie müssen doch bemerkt haben, daß ich mir die Schuhe
schnürte!" Ich sagte nichts, sondern hieb weitere unannehmbare Bälle,
die aber leider im Netz oder wenige Millimeter außerhalb landeten. Nach
zweieinhalb Doppelfehlern stand es nullvierzig.
Ich legte meine ganze Kraft und Geschicklichkeit in den nächsten Aufschlag.
Der Ball verließ mit einer nie gesehenen Geschwindigkeit die hart gespannten
Saiten meines Schlägers – der härteste Ball, der in der Tennisgeschichte je
geschlagen wurde, prallte dorthin, wo der Rücken von Frau K. in jenen
Körperteil übergeht, der mir früher vor allem in engen Jeans besonders
angenehm auffiel. Frau K. brach mit einem matten Schmerzlaut zusam-
men.
Selbstverständlich eilte ich ihr zu Hilfe. Ich sagte: „Hast Du Dir wehgetan?"
Sie sagte: „Du Idiot!" Ich sagte: „Nimm Dich zusammen – ich habe ja
noch den zweiten Aufschlag!" Sie sagte: „Glaubst Du im Ernst, ich stelle
mich noch einmal im Leben vor einen Amokschützen?" Ich sagte: „Entweder wir betreiben hier richtigen harten Sport, oder wir murmeln herum!"
Sie sagte: „Bei wem hast Du eigentlich Tennis spielen gelernt?" Ich sagte:
„Ich möchte einmal wissen, wofür ich Dir die teuren Trainerstunden bezahlt
habe, wenn Du nicht einmal weißt, wo man sich hinstellt!" Sie: „Du
Doppelfehlerspezialist!" Ich: „Und damit kommst ausgerechnet Du!" Sie
erhob sich stöhnend. Karnickis standen derweilen auf der anderen Seite des
Netzes und hörten unserer familiären Unterhaltung interessiert zu. Ich sagte
zu Frau K.: „Nimm Dich wenigstens zusammen, damit dieses Volk dort
drüben nicht dasteht und Maulaffen feilhält!" Frau Karnicki sagte zu Herrn
Karnicki: „Müssen wir uns diese Unverschämtheiten denn noch länger

gefallen lassen?" Ich sagte zu Herrn und Frau Karnicki: „Es tut uns leid, aber meine Frau hat sich wohl ein wenig verletzt!" Ich überholte Frau K. auf dem Weg zur Dusche. Als wir später gemeinsam schweigend zum Wagen schritten, trainierten die Karnickis wieder gegeneinander, wobei sie sich die Bälle nur so ins Feld droschen. Ich rief hinüber: „Also dann bis bald mal wieder!" Frau Karnicki zischte vernehmlich ihrem Gatten zu: „Nun sag diesem Idioten schon, er soll wenigstens die Hälfte der Platzmiete bezahlen — oder bist Du dazu auch zu feige!" Wir trollten uns.

Über das Windsurfen
oder
Mordgedanken

Früher war ich ein geradezu begeisterter Anhänger des Windsurfens. In jeder freien Stunde bin ich an den See gelaufen und habe mich dort hingesetzt, wo eine Reihe sonst völlig normaler und unauffällig wirkender Bürger dabei waren, diesen schönen und eleganten Sport zu erlernen. Das geht folgendermaßen vor sich: Sie schnallen dieses etwas groß geratene Bügelbrett von ihrem Wagen und schleppen es an den Strand; dann holen sie den Mast, das Segel und einen Haufen Schnüre. Nachdem sie das alles sehr sinnvoll zusammengefügt haben, schieben sie den Wellengleiter ins Wasser, bis sie selbst etwa hüfthoch drinstehen. Dann klettern sie drauf und fallen auf der anderen Seite wieder herunter. Dann klettern sie wieder drauf und fallen erneut. Es gibt überhaupt kein unterhaltsameres Vergnügen, als diesem Auf und Ab zuzuschauen.

Natürlich hätte ich auch bei einem der übenden Männer zuschauen können, aber da der Anblick junger Damen das Auge weitaus mehr erfreut, entschied ich mich für ein Mädchen, bei dem die langen blonden Haare, die samtbraune Haut und der blaue Bikini einen außerordentlich reizvollen Kontrast bildeten. Sie kletterte in einer dreiviertel Stunde genau dreißigmal auf ihr schwankendes Schiffchen und fiel dreißigmal wieder herunter. Rein mathematisch bedeutet das alle eineinhalb Minuten ein Reinfall. Ich gebe aber gern zu, daß mir in diesem Fall die Mathematik nur eine sekundäre Rolle spielte.

Zu Beginn lachte sie noch, was ebenfalls sehr hübsch aussah. Nach ungefähr zwanzig Minuten lachte sie nicht mehr. Nach einer halben Stunde tat sie einen Fluch, wie ich ihn in dieser Form noch nie von einer jungen Dame mit langen blonden Haaren hörte: Sie machte dabei ein Gesicht, wie man es von Mörderinnen im Kino kennt.

Nach einer Stunde war es ihr plötzlich gelungen, sich auf das Brett zu stellen. Auf einmal hatte sie eine der sinnvollen Schüre in der Hand und begann, den daran befestigten Mast nebst Segel aus dem Wasser zu ziehen. Es sah sehr gut aus, als sie zog und zog und sich dabei in all' ihrer sehr weiblichen

Schlankheit nach hinten bog. Es sieht immer sehr gut aus, wenn Mädchen mit langen blonden, wenn auch triefenden Haaren sich weit zurückbeugen.

In diesem Falle bildeten Mast und Segel auf der einen Seite, das Mädchen auf der anderen, ein Gleichgewicht auf dieser wackeligen Planke. Sie zog so lange an der Schnur, bis der Mast etwa in einem Winkel von fünfundsiebzig Grad aufgerichtet war. Dann ging irgendetwas wohl zu schnell — die Stange kippte über und fiel auf die andere Seite. Man konnte erkennen, daß das Mädchen unter das Segel geraten war: Eine wahnwitzige Sekunde lang dachte ich an eine kühne Rettungsaktion. Sie kam aber gleich wieder hervor — prustend und Wasser spuckend, aber nicht lachend. Dann begann sie wieder damit, auf das Brett zu klettern.

Nach etwa eineinhalb Stunden war sie durch irgendwelche Winde oder Strömungen in die Nähe des Betrachters getrieben worden, der am Strand sitzend voller Begeisterung über diesen schönen Sport war. Um dem Mädchen etwas Nettes zu sagen, gab der Betrachter dem Mädchen zu verstehen, daß er voller Bewunderung über ihre Ausdauer sei. Daraufhin tötete sie ihn mittels eines stahlblauen Blicks und paddelte davon.

Auf diese Weise kann man für alle Zeiten ein Enthusiast des herrlichen Windsurfsports bleiben. Leider ist es aber in der Praxis so, daß nicht nur schlanke junge Damen mit langen blonden Haaren da üben — es gibt in unmittelbarer Nähe meistens auch sportgestählte Menschen mit einem stark entwickelten Balance-Gefühl, die dieses schwankende Plastik-Ding so sicher beherrschen wie unsereiner den aufrechten Gang. Sie springen links und rechts um den Mast, steuern Kurse und Gegenkurse — manchmal hängen sie sich mit langen Armen an den Gabelbaum und lassen den See unterm Hintern vorbeirauschen — es gibt kaum etwas sonst, was so elegant und rasant aussieht wie das Windsurfen, wenn's einer kann. Wenn man zu dieser Erkenntnis gekommen ist, gehen kluge Menschen nach Hause und vergessen das alles. Weniger gescheite Menschen entwickeln allerdings tief im Herzen einen neidischen Ehrgeiz, der in dem folgenschweren Satz mündet: Das möchte ich auch einmal...

Überspringen wir einmal die Prozeduren, die von der Geburt dieser Idee bis zur Finanzierung reichen. Hat man das erst einmal hinter sich, erwirbt man ein Buch, aus dem ein bisher völlig unbekanntes Vokabular zu erlernen ist. Es besteht aus Begriffen wie ‚Board‘, ‚Liek‘, ‚Rigg‘ und ‚Trimmschot‘ — ein ‚Finne‘ ist keineswegs der Einwohner einens baltischen Staates, und der Teufel mag wissen, was ein ‚halber Wind‘ ist.

Irgendwann steht also einer selbst hüfttief im Wasser — vor sich dieses unstabile Ding, welches ungefähr so gut zu dirigieren ist wie die Seife in der Badewanne. Da das Hinaufklettern und Herunterfallen bereits im Detail erklärt wurde, kann man sich auf die wesentlichen Erfahrungen beschränken.

60

Dort, wo man eigentlich stehen sollte, hat das Brett einen sogenannten ‚Antirutschbelag‘. Dieser Belag funktioniert so wie Sandpapier. Wenn man etwa hundertmal darübergerutscht ist, weiß man fortan Worte wie ‚Dünnhäutigkeit‘ oder ‚Sensibilität‘ weit praxisbezogener zu deuten. Außerdem stellt sich heraus, daß ein Windsurf-Eleve keineswegs immer nur so glatt ins Wasser fällt – in den meisten Fällen kommt es beim Fall zu Berührungen mit Schiffsrumpf oder Schiffsmast, die dabei ihre Stabilität beweisen. Der Körper des Surflehrlings indessen ist weit weniger stabil und erleidet Blutergüsse an Ober- und Unterschenkeln, an beiden Armen, an Brust, Bauch, Rücken und Po.

Als es mir einmal gelang, beim Fall ins Wasser nichts Härteres zu berühren, rammte ich beim Auftauchen mit dem Kopf gegen diese Bohle in einer Weise, wie man es seit dem Angriff von Moby Dick auf das Walfangschiff des Kapitän Ahab in der Geschichte der christlichen Seefahrt nicht mehr erlebte. Da aber maritime Neurotiker über ein hoch entwickeltes Maß an Eigensinn verfügen – siehe eben jenen Käpten Ahab –, fuhr ich in meinen Bemühungen fort.

Die Erfahrung lehrt, daß man rund zwanzig Liter Wasser schlucken muß, bevor es gelingt, sich aufrecht auf das Brett zu stellen. Dieses Triumphgefühl wird dadurch beeinträchtigt, daß man sich nach der Schnur bücken muß, an der Mast und Segel aus dem Wasser zu ziehen sind. Dabei stürzt man und schluckt einen weiteren Liter – man glaubt wirklich nicht, wieviel Wasser in einen ganz normal gewachsenen Menschen hineingeht.

Irgendwann habe ich mich einfach auf das Brett gelegt – geprügelt, gedemütigt, kaputt, demoralisiert, müde –, nur ein bißchen treiben lassen, sonst nichts. Voller Apathie habe ich einer jungen Dame zugeschaut, die mit flatterndem Blondhaar und samtbrauner Haut, auf der der blaue Bikini einen faszinierenden Kontrast bildete, rasant vorbeischoß – wie sie elegant kehrte, ganz dicht heranglitt und mir zurief, daß sie meine Ausdauer bewundere. Nein – ich habe sie nicht gemordet, sondern nur die Augen geschlossen.

Über die Kommunikation beim Sport
oder
Pingpong zerstört Freundschaften

Wie schon Professor Mirko Udrigk in seinem Standardwerk über „Sport und Kommunikation — ein Weg zur zwischenmenschlichen Beziehung" sehr richtig zum Ausdruck bringt, liegen die besonderen Werte aller Leibesübungen vor allem auch in ihrem Zwang zur Geselligkeit. Wie alle Thesen läßt sich auch diese widerlegen: Geselligkeit läßt sich durchaus ohne Sport erzielen — man denke nur an die klugen Gespräche, die sich bei einem herben Weißen zur Sommerzeit nächtlich auf grillenzirpenden Terrassen führen lassen, oder auch an Unterhaltungen an Winterabenden vor dem flackernden Kamin, wo wir einen funkelnden Roten für passender halten. Hier stellt sich in der Tat die Frage, ob Professor Udrigk nicht gar irrte: Der Fortbestand der Menschheit wurde wahrscheinlich eher bei solchen kuscheligen Stunden gesichert, als bei abschlaffender sportlicher Tätigkeit. Daraus folgern wir, daß sportlicher Wettkampf ohne Geselligkeit unmöglich ist (Wer vermag schon gegen sich selbst Tennis zu spielen?), Geselligkeit aber sehr wohl ohne sportlichen Wettkampf auskommt. Deshalb bringen wir allergrößtes Interesse dem Werk von Karl L. Karigk entgegen („Der Sport — ein Feind der Kommunikation?"), welches in seinen Grundzügen weitaus realitätsbezogener zu sein scheint. Karigk berichtig in seinem Band an Hand des populären Beispiels einer Pingpongplatte, wie durch die Anschaffung einer solchen selbst gutnachbarliche Beziehungen einfrieren können. Mit freundlicher Genehmigung des Autors geben wir diese Abhandlung hier vollinhaltlich wieder:

„Eines Tages sagte Frau K., ich solle doch einmal in den Keller schauen — im Hobbyraum sei eine Überraschung für mich eingetroffen. Obgleich ich eigentlich keine Überraschungen mag, bin ich sofort die Treppen herab gestiegen. Dort stand eine Pingpongplatte, wobei diese Bezeichnung eigentlich ein beleidigendes Understatement ist: Ein zusammenklappbares, hochmodernes Gerät, welches von unten matt blinkte von einem Metall, das als Abfallprodukt der Raumfahrt unzerstörbar ist. Auf solchen Platten spielen normalerweise nur Weltmeister, und zwar Tischtennis, nicht Pingpong. Frau K. sagte, diese Platte sei absolut wetterfest und man könnte im Sommer auch im Garten...

Ich sagte: ‚Du weißt genau, daß ich nicht mehr Tischtennis spielen kann, seit ich mir beim Spalten des Kaminholzes einen Tennisarm zuzog. Außerdem — was hat das Ding gekostet?‘ Frau K. entgegnete, daß es mir aber guttun würde: ‚Du brauchst etwas Bewegung. Außerdem werden viele Freunde kommen, die alle bei uns Tischtennis spielen wollen. Das ist doch viel lustiger als die Herumhockerei, bei der immer soviel getrunken wird!‘

Meine Argumente, daß ich die stillen Stunden mit Freunden, Getränken und Gesprächen immer sehr genossen hätte und dabei nie den Wunsch verspürte, Tischtennis zu spielen, wurden überhört. Sie sagte: ‚Aber das Holz, das wir da verbrennen, ist ganz schön teuer!‘ Ich sagte: ‚Welches Holz?‘ Sie sagte: ‚Na im Winter im Kamin!‘ Ich sagte: ‚Für den Preis von hundert Liter Öl kriegen wir Holz für den ganzen Winter!‘ Sie sagte: ‚Was hat das mit Tischtennis zu tun?‘ Ich sagte nichts, sondern war sehr überrascht über die Preise, die man für Tischtennisschläger von der feinen Machart verlangt. Außerdem kaufte ich selbstverständlich einige Schachteln mit Bällen.

Das Tischtennisturnier, das wir durchführten, spielt hier eigentlich nur eine untergeordnete Rolle, obgleich es bereits deutliche Fingerzeige gab für die beziehungsfeindlichen Perspektiven, die sich daraus ergaben. Zunächst einmal verbrachte ich ein ganzes Wochenende mit der Aufstellung eines Systems, welches siebzehn Teilnehmern die gleichen Möglichkeiten geben sollte, ihre Fähigkeiten nachzuweisen. Außerdem sollte am Schluß ja auch ein Finale zustandekommen. Nach meinen ersten Berechnungen hätte das Turnier genau zwölf Stunden gedauert. Streichungen reduzierten das auf fünf Stunden, was bei einem Beginn um neunzehn Uhr mit dem Finale um Mitternacht seinen Höhepunkt erlebt hätte. In der Praxis war es dann so, daß dieses Endspiel morgens um halb vier stattfand. Man muß Frau K. hier zugutehalten, daß sie in weiser Voraussicht ein kaltes Buffet vorbereitet hatte, dessen Kosten allerdings diejenigen eines harmlosen Plausches nebst Getränken weit übertrafen.

Zum Turnierverlauf selbst ist zu sagen, daß Herr Ballmann und seine Frau ihre Scheidung ankündigten, nachdem Frau Ballmann die Ballangaben von Herrn Ballmann als unkorrekt bezeichnete, während Herr Ballmann einen Kantenball erkannt zu haben glaubte und Frau Ballmann behauptete, der Ball sei klar daneben gegangen. Außerdem gab es eine Auseinandersetzung um das weiße Hemd von Herrn Sengebusch, weil man nach den Regeln beim Tischtennis keine weiße Kleidung tragen darf (Frau K. gab ihm meinen Lieblingspullover, den er auch gleich mit nach Hause nahm) — Herr Lützenbeiner monierte dagegen, daß Herr Hirnler sich bei Schmetterbällen immer mit der Hand auf die Platte stützte, was Herr Hirnler ganz einfach bestritt, obgleich es jeder gesehen hatte – als ich schließlich durch schamlose Ausnutzung des Heimvorteils drauf und dran war, das Endspiel für mich zu entscheiden, wies Frau K. mit einiger Schärfe in der Stimme darauf hin, daß man als Gastgeber die Pflicht zur Niederlage habe. Als alle gegen morgens um fünf das Haus verlassen hatten, sah es bei uns aus wie nach einer mittleren Saalschlacht – selbst Frau K. gab das zu.

Trotz dieser deutlichen Fingerzeige, die auf die harmoniezerstörenden Aspekte des Sports deuteten, hoffte ich auf eine Fortsetzung solcher freundschaftlichen Treffen. Allerdings ergaben sich da Schwierigkeiten auf gänzlich anderem Gebiet. Es ist nämlich so, daß heutzutage unglaublich viele Menschen eine Pingpongplatte im Keller stehen haben, und alle legen den größten Wert darauf, selbst ein Turnier zu veranstalten.

Mit der Familie Schimmelpfennig beispielsweise, die am Ende der Straße wohnen, hatte uns bisher ein fast herzlich zu nennendes Verhältnis verbunden. Sie hatten schon länger eine Pingpongplatte, die natürlich längst nicht mehr den modernen Erfordernissen genügte, aber wir waren immer gerne zu ihnen gegangen, wenn sie uns zu einem Wettkampf herausforderten. Als wir sie jetzt aber einmal einluden, um uns für die vielen schönen Stunden zu revanchieren, reagierten sie recht kühl und brachten fadenscheinige Gründe für die Absage zur Sprache. Eine große menschliche Enttäuschung wurden auch Senftlebens von schräg gegenüber: Sie kauften sich selbst ein Platte – offensichtlich, um uns zu ärgern – und luden ausgerechnet Frau K. und mich zu sich ein, was ich für eine freche Unverschämtheit hielt. Ich wurde in dieser Meinung noch bestärkt, als ich hintenrum erfuhr, daß Senftlebens ein Familienturnier ausgeschrieben hatten und dazu alle jene Leute baten, die ich just zum gleichen Termin gerne bei mir gesehen hätte. In mir wuchs die Überzeugung, daß man sich nur eine Tischtennisplatte kaufen muß, um herauszufinden, wo die wahren Freunde sind.

Um die Rentabilität der teuren Anschaffung wenigstens ein klein wenig zu gewährleisten, spielte ich wochenlang täglich nur mit Frau K., was weder meinen eleganten Topspin noch mein Armleiden verbesserte, außerdem sind Pingpongspiele mit Frau K. nach zwanzigjähriger Ehe ja nicht unbedingt ein neues kommunikatives Erlebnis. Wir nutzten die Platte übrigens auch noch bei einigen Familienfeiern: Mit weißen Tüchern abgedeckt können an einer Pingpongplatte bis zu fünfzehn Personen Kaffee und Kuchen zu sich nehmen – sie äußern sich dabei sehr positiv über den schönen großen Tisch, den wir haben.

Frau K. indessen ist nachdenklicher geworden. In einer stillen Stunde – wir erholten uns gerade von einer Stunde Tischtennis oder Pingpong – gab sie sogar zu, daß sie nie und nimmer dieses teure Stück gekauft hätte: ‚Wer konnte denn auch ahnen, daß es so schwer ist, die Menschen davon zu überzeugen, daß es viel Spaß macht, bei uns Tischtennis zu spielen!' Sie widersprach auch kaum, als ich vorschlug, wieder einmal ein paar nette Leute abends ans Kaminfeuer zu laden — und sei es nur aus Gründen der Kostenersparnis.

Eine Woche später erwischte ich sie allerdings dabei, wie sie in einem Prospekt für Swimmingpools blätterte — und zwar von jenem Umfang, wie sie in keinem Fall jemals in unseren bescheidenen Garten passen. Ich sagte schnell: ,Sollen wir nicht ein bißchen Pingpong spielen?' Aber sie gab an, Kopfschmerzen zu haben."

So weit die Abhandlung von Karl L. Karigk, die all jenen eine Warnung sein sollte, die an die kommunikationsfördernde Kraft des Sports glauben.

Die tieferen Geheimnisse des Laufens

oder
Der erfolgreich mißlungene Selbstversuch

Es wäre übertrieben, wenn ich von mir sagen würde, ich sei einer von den begeisterten Läufern. Das liegt beispielsweise an dem Kampf, den ich jedesmal vorher zu führen habe: Soll ich laufen, oder soll ich vielleicht doch lieber erst morgen laufen. Oder übermorgen. Sehr oft verliere ich diesen Kampf, und es ist bezeichnend, daß ich über diese Niederlage nie besonders unglücklich war. Ich glaube, ich bin der fröhlichste Verlierer der Welt, wenn ich mich im Bett umdrehe und sage: Heute nicht. Es gibt wenige Argumente, die für das Laufen sprechen, und sie sind schnell aufgezählt: Herz, Kreislauf, Gewicht, Gesundheit. Aber es gibt unendlich viele, die man dagegen anführen kann. Ich kenne sie alle und gebe gern zu, daß ich bemüht bin, dieses Repertoire möglichst täglich zu erweitern.

Besonders gern habe ich die Geschichte des Läufers von Marathon, die ich schon so oft erzählte, daß ich wegen der Jahreszahlen gar nicht mehr nachzuschlagen brauche. Im Jahre 490 vor Christi soll dieser brave Mann von Marathon nach Athen gelaufen sein, um dem Volke zu berichten vom Sieg über die Perser. Wie es heißt, habe er sein Ziel glücklich erreicht – er rief: „Freut Euch – wir haben gesiegt!" Dann fiel er um und war tot. Ist das etwa ein Ziel, dem nachzueifern es sich lohnt?

Wenn man davon absieht, daß die Möglichkeit moderner Nachrichtenübermittlung heutzutage auch den praktischen Wert eines solchen Laufes überflüssig macht, bleibt in diesem Fall nur noch die Diskussion mit jenen Lauf-Fans, die auch in der griechischen Mythologie bewandert sind. Diese Menschen versuchen immer wieder, einem die schöne Pointe der Geschichte zu versauen, indem sie darauf hinweisen, daß der Name des griechischen Depeschenboten entweder Diomedon oder Pheidippides gewesen sei; aus diesem strittigen Tatbestand folgern sie, daß die ganze Story nicht stimmt: „Wenn man schon nicht einmal weiß, wie der Kerl richtig heißt . . .!"

Unter den Mitbürgern, die einen gewissen Hang zur Fettleibigkeit nicht ableugnen können, gibt es Gott sei dank auch sehr viele, die ohne läuferische

Betätigung zu hohen Ehren kamen. Ihre Lebensweise und ihre Aussagen verschaffen dem Nichtläufer sehr einleuchtende Argumente. Und da seltsamerweise gerade sie oft ein gesegnetes Alter erreichten, sind sie für eine Beweisführung sehr geeignet. Immanuel Kant etwa, dessen Erwähnung stets den Ruf großer Belesenheit erweckt, lebte achtzig Jahre; was die körperliche Ertüchtigung anbetrifft, so sind von ihm lediglich längere Spaziergänge bekannt, die durch ihre Pünktlichkeit bestachen: Die Leute in Königsberg stellten ihre Uhren danach. Kant soll nie richtig dick gewesen sein, was aber aller Wahrscheinlichkeit nach auf ein verschlepptes Magenleiden zurückzuführen war: Bei einer kleinen Reise in die ostpreußische Provinz soll er in den Ort Muschkaken gekommen sein, wo man ihm im Gasthaus zum ‚Raben‘ die aufgewärmten Reste eines Fischgerichtes vorsetzte, welches bereits leicht verdorben war, da man es vierzehn Tage zuvor anläßlich eines hundertjährigen Jubiläums servierte; die Einwohner von Muschkaken hatten das Eintreffen der berühmten Sprinterin Irimgard Sanftschlaf in ihr Gemeinwesen begangen, welches exakt ein Jahrhundert zuvor stattfand. Der inzwischen verdorbene Fisch, der letztendlich für die lebenslange Schlankheit des Immanuel Kant sorgte, stammte übrigens aus der Reuse eines gewissen Konrad Kaludrigkeit — einem Enkel der Irimgard Sanftschlaf. (Nähere Einzelheiten der interessanten Familiengeschichte sind aus dem einleitenden Kapitel dieses Bandes zu erfahren.)

Zurück zu Kant: Die Kritik der reinen Vernunft, die dem Philosophen hohes Ansehen, aber nur geringe Tantiemen einbrachte, ist nach neueren Forschungen auch auf das Laufen zu beziehen, da diese Fortbewegungsart sicherlich vernünftig ist, aber nichtsdestotrotz kritisierbar bleibt.

Der Wortführer gegen das Laufen sind viele andere. Martin Luther beispielsweise sagte: „Hier stehe ich — ich kann nicht anders!“ Er sagte keineswegs: „Hier laufe ich...“ — ein bedeutender Hinweis! Goethe erhielt sich seine Potenz bis weit ins Pensionsalter, obgleich er als Jogger nie einen herausragenden Ruf besaß. Hippokrates, auf den die Ärzte heute noch schwören, war offensichtlich vom schrecklichen Ableben des Läufers von Marathon so sehr beeinflußt, daß er meinte, jeglicher Sport würde geradeswegs zum Tode führen. Sir Winston Churchill darf hier nicht fehlen, der trotz Raucherlunge und Trinkerleber alterte — er meinte, auf den Grund angesprochen: „No sports!“ Und Peter Ustinov hielt es für völlig bescheuert, einer Beschäftigung nachzugehen, die weiter keinen Sinn hat, als die Gesundheit zu erhalten.

Die etwa fünfzig Bände über die Vorteile des Laufens und seine richtige Anwendung, die in meinem Bücherschrank einen erheblichen Raum einnehmen, locken mit gesteigerter Potenz und erhöhtem Selbstbewußtsein, was sicherlich genauso miteinander zu tun hat, wie jene Passage, in der das Laufen als Mittel gegen Depressionen und Verstopfung empfohlen wird.

Aber kann man Herrn von Goethe oder dem Reformator Luther etwa mangelnde Potenz nachsagen?

Ich bin ihnen allen dankbar, die mir die Argumente liefern, wenn ich den Kampf mit dem Läufer in mir verliere und im Bett bleibe. Warum soll ich Vorsorge gegen Gebrechen betreiben, die ich durch die Vorsorge erst erhalte? Was nutzt mir der schönste Kreislauf, wenn die Achillessehne zerreißt? Was nutzt mir meine Potenz, wenn es an der Zeit gebricht, sie zu üben?

Alle diese Ausführungen könnten zu der irrigen Meinung führen, ich hätte etwas gegen das Laufen – das ist mit Sicherheit falsch. Wenn ich den Kampf morgens gewinne und vor Tau und Tag laufen gehe (!), habe ich die anfängliche Geniertheit längst abgelegt. Routiniert suche ich nicht mehr den Blick der Damen, die da ihre Hunde spazieren führen, sondern konzentriere mich voll auf den Asphalt, um nicht in das zu treten, was sie (die Hunde) dort hinterlassen haben. Es ist nämlich so, daß die schmierseifeähnliche Konsistenz dieser Rückstände zu gebrochenen Knöcheln und aufgeschlagenen Ellenbogen führen kann – ganz davon abgesehen, daß ein gefallener erwachsener Mann einiges seiner Contenance verliert und erst recht die Aufmerksamkeit eben jener Hunde erweckt. Schon lange glaube ich nicht mehr, daß die interessierten Blicke dieser Damen etwas mit der angeblich gesteigerten Potenz zu tun haben – wie sollten sie auch? Sie hätten ja ebenfalls eines der Bücher lesen müssen, die das Laufen zum Inhalt haben – und wer tut das schon?

Ich habe allerdings fast alles gelesen, was es darüber gibt. Ein Mensch, der über das Laufen liest, wird sehr schnell unterscheiden lernen zwischen den Hinweisen, die der praktischen Ausübung dienen, und jenen anderen, die die psychologischen Aspekte in Betracht ziehen.

Zur Praxis zu zählen sind alle Ratschläge über die richtige Ausrüstung, über das Setzen der Füße (links-rechts-links-rechts), das Atmen (ein-aus-ein-aus) – auch die nützlichen Tips über das Laufen in Gruppen sind zu erwähnen: Hier steht zu lesen, daß man im Falle eines abzulassenden Windes (lat.: flatus) am Ende der Gruppe laufen solle, um den Mitläufern den Genuß an der reinen Luft in der freien Natur nicht zu verderben. Es steht auch, daß es als Zeichen außerordentlicher Freundschaft zu werten sei, daß schweißgenäßte Trikot auszutauschen und überzustreifen. Vielleicht haben derartige Ratschläge dazu geführt, daß ich lieber alleine laufe: Erstens möchte ich in dem Tempo flatelieren, welches mit konvenabel erscheint – und zweitens halte ich aus hygienischen Gründen das Überstreifen eines schweißnassen Trikots schon bei den Fußballspielern für eine gewaltige Sauerei.

Mehr zu den seelisch-bedingt psychologischen Aspekten des Laufens ist dagegen folgender Hinweis zu zählen: Man soll bei aufgestauten Aggressionen ruhig einmal durch ein Unterholz brechen und laute Urschreie aus stoßen – das hilft. An dem Tag, an dem ich das ausprobierte, war der Bescheid des zuständigen Finanzamtes gekommen – vielleicht war es deshalb auch keine Aggression, sondern nur eine Depression. Auf jeden Fall brach ich, Urschreie ausstoßend, durch ein hervorragend geeignetes Unterholz, wobei ich nicht nur den Niederwild-Bestand in wilde Revierflucht versetzte, sondern auch beträchtlichen Flurschaden hinterließ. Am Ende des Unterholzes befindet sich ein Waldweg und hier stand – wundersames Staunen in den Gesichtern – die fünfköpfige Familie unseres Nachbarn, die dort gerade einen Spaziergang unternahm. Ich unterbrach meine Urschreie zu einem kurzen Gruß und lief weiter. Seither entbieten mir diese sonst sehr liebenswürdigen Nachbarn nur sehr zögernd die Tageszeit – die Frau legt offensichtlich Wert darauf, mich in keinem Falle mit ihren Kindern allein zu lassen.

Wie aus diesem Erlebnis unschwer zu ersehen ist, können sich also aus dem einfachen Laufen durchaus Situationen ergeben, deren Folgen beim Start kaum zu erkennen sind. Wahrscheinlich ist es diese Tatsache, die das psychologische Moment beim Laufen so betont. Lauf-Wissenschaftler haben ergründet, daß man beim Laufen ein Hochgefühl erleben kann, welches dem Genuß von Rauschgiften keineswegs nachsteht. Aber entweder laufe ich nicht richtig, oder ich habe zu wenig Erfahrung mit Rauschgiften: Ich bin noch nie in jenen Zustand geraten, den man in Fachkreisen als ‚high‘ bezeichnet. Die einzige psychiatrisch verwertbare Erkenntnis bei meiner Art zu laufen liegt in einem nicht abzuleugnenden Masochismus.

Hier ließe sich auch eine der erstaunlichsten Erkenntnisse des Laufens einfügen: Einer, dessen Leib und Seele sich daran gewöhnt haben, darf damit nicht so ohne weiteres aufhören – er könnte schwer erkranken, weil Herz, Kreislauf und sonstige Kaldaunen das immer wieder brauchen. Daraus schließen wir messerscharf, daß das Laufen vor allem dafür gut ist, immer weiter zu laufen – womit die Rauschgift-Parallele logisch nachgewiesen ist. Eine weitere, bislang meist unbeantwortete Frage ist, was ich denn mit all der Gesundheit mache, wenn sie doch nur zum weiteren Laufen gut ist.

Aus dem Werk eines anderen Lauf-Gelehrten entnahm ich Begriffe wie das ‚narzißtische Laufen‘, das ‚assoziative Laufen‘ und das ‚dissoziative Laufen‘. Ich glaube nicht, daß das narzißtische Laufen für mich relevant ist: Warum sollte ich in warmer Zuneigung zu mir selbst entflammen, wenn ich durchgeschwitzt und keuchend mit wirrem Haar und gestörtem Blick über einen abgelegenen Feldweg trabe? Selbst danach vor dem Spiegel stellt sich ein solches Gefühl nicht ein.

Die Dissoziation ist in der Physik als Aufspaltung von Molekülen in einfache Atomgruppen jedem aufgeklärten Raketengegner ein fester Begriff – und zwar als Folge starker Erwärmung eines Stoffes. Das dissoziative Laufen hat ähnliche Erscheinungen zur Folge: Wenn es richtig warm wird, spaltet man sich – es läuft der andere neben einem her. Dieses Zustands bin ich zumindest wissentlich nie teilhaftig geworden, obgleich jene erwähnten Nachbarn und ihre drei Kinder sicherlich eine andere Meinung vertreten.

Es bleibt also noch die Assoziation, die Sache mit den Gedankenverbindungen. Hier allerdings glaube ich, in mir fündig geworden zu sein. Schon nach wenigen hundert Metern stellen sich beim Laufen bei mir Assoziationen ein, die mit kühlen Getränken, einer Dusche und bequemen Sesseln in Zusammenhang stehen. Vielleicht verwechsle ich das aber auch mit Halluzinationen.

Schon aus diesen kurzen Aufzeichnungen wird der Lauf-Interessent schnell erkannt haben, daß es mit dem Laufen weit mehr auf sich hat, als es sich unsere Schulweisheit erträumen läßt, nach der man stumpfsinnig nur ein Bein vor's andere setzt. Mein offensichtlich als mißlungen zu bezeichnender Selbstversuch darf aber keineswegs zu der Meinung führen, daß die erstrebenswerten Ziele des Laufens auch für andere unerreichbar bleiben. Ich habe sicherlich nur kein Talent dafür. Es war schon früher so, daß man mich bei wichtigen Schulwettkämpfen eher zu den athletischen Typen zählte, die als Mittelstürmer nützlicher eingesetzt werden, denn als Läufer. Leider bleibt da die etwas resignierte Erfahrung, daß athletische Typen später einen Hang zur Korpulenz zeigen, während die Dünnen im reiferen Alter als schlank bezeichnet werden. Insgeheim halte ich das für eine Ungerechtigkeit.

Alles das ändert nichts an der Tatsache, daß ich neugierig bin: Es muß ja etwas dran sein, wenn auf einmal Millionen Menschen durch das Land traben – und ich würde das auch gern einmal erleben, wenn sie auf einmal Beethoven im Ohr haben, oder behaupten, sie hätten das befreiende Gefühl, ihrem Chef tüchtig in den Hintern getreten zu haben. Ich habe nur Muskelkater, und selbst der verschwindet nach spätestens vierzehn Tagen, so daß mir nichts bleibt, was erinnerungswürdig wäre. Die frische Morgenluft, die man mir versprochen hat, wird stark beeinträchtigt durch den herben Duft meines eigenen Schweißes – sie sagen, daß das Atmen wichtiger als das Essen sei, aber ich genieße nachher immer einen gewaltigen Appetit –, sie prophezeien mir ein Gefühl der Überlegenheit, aber ich bin nur müde. Sind das bereits Meditationen?

Ich glaube also nicht, daß es mir gelang, in die tieferen Geheimnisse des Laufens einzudringen. Mir ist dabei zumute wie einem Trottel, der sich ewig um ein Mädchen bemüht, aber immer einen Korb erhält: Obgleich abgewiesene Liebe oft die Anstrengungen nur forciert, bin ich langsam in jenes Stadium geraten, in dem man sagt, sie soll mir doch den Buckel runterrutschen. Vielleicht werde ich trotzdem wieder einmal laufen. Morgen, oder übermorgen. Oder nächste Woche.

Über die Einsamkeit eines Skilangläufers
oder
Die Treibjagd und die Schneekönigin

Skilangläufer sind in der Regel hart, wortkarg, naturverbunden, wettergegerbt, einsamkeitsliebend und selbstverständlich sehr gesund. Das weiß jeder,
der sich jemals mit dieser Materie beschäftigte. Die Gründe für diese An-
sammlung außerordentlich positiver Eigenschaften kann man nicht erfahren
– man muß sie am eigenen Leibe spüren. Skilanglaufen kann jeder, der gehen
kann. Das haben zumindest die Verkäufer von Langlaufskiern behauptet.
Irgendjemand muß gewußt haben, daß niemand sonst auf der Welt die
Anforderungen, die man an einen Skilangläufer stellt, so vollinhaltlich erfüllt
wie ich: Eines Tages stand da ein Paar schmaler, silberschimmernder Latten,
die den Eindruck zischender Geschwindigkeit vermittelten – ein Geschenk,
welches meine tiefsten Sehnsüchte erfüllte. Ich nahm das Ding zur Hand,
blickte prüfend über die Lauffläche, fuhr mit der Hand darüber, untersuchte
den Mechanismus der Bindung, nickte wortkarg und hart, stellte es wieder
hin, nahm den zweiten Ski zur Hand, tat das gleiche, äußerte sparsame
Zufriedenheit, ein Skilangläufer neigt nie zu lautem Enthusiasmus. Frau K.
flötete schmeichelnd: „Freust Du Dich?" Ich blickte sie einsamkeitsliebend
an und schritt wettergegerbt davon. Nur noch so viel: Da stand auch noch
ein Paar roter Langlaufski, die Frau K. sich selbst geschenkt hatte; angeblich
weil man beim Erwerb von zwei Paar Langlaufski einen so hohen Rabatt
erhält, daß das zweite Paar praktisch nichts kostet. Derartig abenteuerliche
Kalkulationen sind mir seit langem geläufig. Dann begann das Tauwetter,
welches nahtlos in Frühling und Sommer überging.
Bis zum Einbruch des nächsten Winters wußte ich alles über den Skilanglauf:
Doppelstockschub, Schlittschuhschritt, Diagonalschritt, Klisterwachs, Rat-
tenfallenbindung, Steighilfen. Eines Tages hatte es geschneit.
Nach dem Frühstück sagte ich wortkarg: „Heute!" Frau K. zwitscherte
fröhlich: „Was meinst Du?" Ich, hart: „Skilanglauf – schätze, werde zu
Beginn mal so zwanzig Kilometer machen!" Meinen Hinweis, der meine
Liebe zur Einsamkeit betraf, überhörte sie: „Meinst Du, ich soll den weißen

Pullover anziehen?" Ich, naturverbunden: „Wenn wir in eine Treibjagd geraten, wird man Dich mit einem Schneehasen verwechseln!" Sie enteilte trällernd, und ich hörte aus dem Bad aus der Unterhaltung mit ihrer Tochter, daß sie dringend eine Skilanglauf-Kosmetik benötigt.

Dort, wo die Felder bis ganz hinten an den Wald reichen, parkte ich den Wagen und sagte hart: „Hier!" Sie sagte: „Aber hier ist doch kein Mensch!" Ich stieg aus. Sie sagte: „Außerdem ist hier doch gar keine Loipe!" Ich begann, die Schuhe zu wechseln.

Schuhe zum Skilanglauf sind enger als man glaubt. Das kann natürlich auch daran liegen, daß die Strümpfe dicker sind als man glaubt. Die Latten sind wirklich sehr schmal. Der Schnee, in den man beim Anschnallen zu fassen gezwungen wird, ist sehr kalt. Ich übernahm selbstverständlich die Führung — naturverbunden und wortkarg. Abstoßphase, Schwungphase, Gleitphase. Mitten während der schönsten Gleitphase war da ein hartgefrorener Maulwurfshaufen. Der Nachteil von Pulverschnee liegt darin, daß er leicht in den Kragen, in die Ärmel, in die Handschuhe und unter den hochgerutschten Pullover dringt — außerdem sind diese dämlichen Bretter beim Aufstehen sehr hinderlich. Frau K. stand da und lächelte lieblich. Ich sagte, naturverbunden: „Was grinst Du so — mach, daß Du weiterkommst — auf mich braucht niemand zu warten!" Sie glitt davon, und wenn ich mich nicht täuschte, summte sie gar ein Liedchen.

Der nächste Zwischenfall geschah etwa dreißig Meter weiter, als ich mit elegantem Schlittschuhschritt an den Resten eines unordentlich abgeernteten Mais-Ackers scheiterte: Es war so, daß der linke Ski eigensinnig in einer Furche blieb, während der rechte in einem Winkel von achtzig Grad die stabilen Maisstoppeln als richtungsweisend betrachtete. Die auf diese Weise eingeleitete Zerreißprobe des menschlichen Leibes löste sich durch die Gesetze der Schwerkraft, wobei zu erwähnen ist, daß steinhart gefrorene Maisstoppeln sich wie Lanzen in Rücken und Gesäß bohren können. Es muß an der wortkargen Einsamkeits-Beflissenheit von Skilangläufern liegen, daß man davon bisher so wenig gehört hat. Frau K., die von Doppelstockschub und Schlittschuhschritt nicht den Schimmer einer Ahnung ihr eigen nennt, verschwand indessen still gleitend hinter einem steinwurfweit entfernten Gebüsch.

Selbstredend hätte ich sie auf Grund meiner überlegenen Technik in weniger als einer Minute eingeholt gehabt — sogar die listig versteckte Baumwurzel, unter die ich mit dem linken Ski während eines kraftvollen Doppelstockschubs kam, hätte mich nur unwesentlich aufgehalten. Aber da war auch noch die Brücke. Von Brücken, die über zwei Meter breite Bäche führen, muß man wissen, daß sie leicht ansteigen, um dann auf der anderen Seite ebenso leicht abzufallen. Der Anstieg läßt sich technisch lösen, indem man seitwärts in Etappen von je dreißig Zentimetern kleine Schritte vollführt; den sogenannten Talski zieht man jeweils nach. Das ist effektiv, auch wenn es nicht besonders elegant aussieht. Aber es war ja eh' keiner mehr da, der zuschaute.

Ein gut beratener Skilangläufer vollführt den Abstieg auf der anderen Seite einer Bachbrücke auf die gleiche Weise: Nur, daß er jetzt den Bergski nachzieht. Ich war nicht gut beraten und versuchte eine pfeilschnelle Schußfahrt über fünf bis sechs Meter, die zweifelsohne in jenem Gewässer ein Ende gefunden hätte, wenn da nicht ein Weidenbusch gewesen wäre. Selbst wettergegerbte, einsamkeitsliebende und naturverbundene Menschen empfinden eine gewisse Hilflosigkeit, wenn ihr Schicksal an einem daumendicken Zweig hängt: Wenn man losläßt, sitzt man im knietiefen Wasser, welches um diese Jahreszeit eine empfindlich niedrige Temperatur aufweist – wenn man nicht losläßt, hängt man da bis zum Eintreten einer wärmeren Jahreszeit. Ich schloß einen Kompromiß, indem ich mich nach einem knappen Viertelstündchen einfach fallen ließ. Nur der rechte Fuß kam so bis etwa zur halben Wade ins Wasser, während der größte Teil von mir am Ufer saß und sich überlegte, wie man in solchen Fällen aufsteht. Vor allem unter Berücksichtigung der hinderlichen Bretter.

Hierbei entdeckte ich übrigens die Vorteile der Einsamkeit beim Skilanglauf: Wenn man allein ist, braucht man auf zartfühlende Ohren keine Rücksicht zu nehmen. Was Frau K. anbetraf, so erkannte ich sie einige hundert Meter weiter. Still gleitend.

Im weiteren Verlauf dieses Ausflugs fühlte ich mich der Natur durch etwa fünftausend Maulwurfshaufen, einer Rübenmiete, einem extrem tief gepflügten Sturzacker, verschiedenen Reisigvorräten und einem alten Eimer ohne Boden (dessen Öffnung ich zielsicher traf) verbunden. Als Frau K. am Horizont nur noch als kleiner Punkt zu erkennen war, habe ich die Silberschimmernden abgeschnallt und auf die Schultern genommen. Wenn es im rechten Schuh wegen des Bachwassers nicht bei jedem Schritt gequietscht hätte, wäre es ein erholsamer Spaziergang gewesen. Aus der Ferne – dort, wo Frau K. wahrscheinlich dahinglitt wie eine Schneekönigin – waren die Schüsse einer Treibjagd zu vernehmen.

Zum Tee bei Kasi Kurinow
oder
Der strenge Duft
des Urinalien-Sammlers

Früher soll es ja einmal so gewesen sein, daß es Herren gab, die leichtgläubige Mädchen in ihre Höhlen lockten, indem sie vorgaben, ihnen die Schmetterlingssammlung zeigen zu wollen. Nun weiß ich bis auf den heutigen Tag nicht, was an Schmetterlingssammlungen so Aufregendes sein kann, daß manche Damen tatsächlich dieser Einladung nachkamen – aber ich mußte plötzlich daran denken, als mir die Professorin Kasi Kurinow anläßlich eines eher zufälligen Zusammentreffens zu verstehen gab, sie würde mir gern ihre Sammlung zeigen. Frau Kurinow ist eine durchaus stattliche Person von ungefähr sechzig Jahren, aber gewisse emanzipatorische Offerten mochten mir nicht einleuchten. Ich fragte, aber sie meinte, geheimnisvoll lächelnd: „Sie werden schon sehen!"

Ich erschien zum Tee, und was mir sofort beim Betreten der Wohnung auffiel, war ein strenger Duft, den ich ausgerechnet hier eigentlich weniger erwartet hätte. Wir plauderten über dieses und jenes – dann meinte sie, wir sollten hinübergehen: Sie wolle mich nicht länger auf die Folter spannen.

Wir schritten in einen Raum, der einige Ähnlichkeit mit einer Bibliothek besaß. Sie öffnete eine Schrankwand und fragte strahlend: „Was sagen Sie jetzt?" Ich sagte zunächst gar nichts, denn was es da zu sehen gab, war weiter nichts als lange Reihen kleiner Fläschchen, ein jedes gefüllt mit einer Flüssigkeit, goldgelb, heller und dunkler. Mindestens sechs- bis siebenhundert Fläschchen standen in den Regalen. Ich mimte sprachlose Spannung und fragte: „Darf ich fragen, was da drin ist in den Fläschchen?" Die Professorin vermochte ihren Stolz nur schlecht zu unterdrücken – sie sagte: „Urin!" Ihr Blick strich geradezu zärtlich über die langen Reihen. Ich spürte den strengen Duft und machte: „Mmmh!"

„Natürlich ist es kein gewöhnlicher Urin von Menschen wie Du und ich", fuhr Frau Kurinow fort, „es handelt sich um die Proben, die man bei Olympischen Spielen und großen Meisterschaften den Athleten abforderte – es sind ganz seltene Stücke dabei!" Sie griff scheinbar wahllos, aber doch

mit liebevoller Sorgfalt eines der Fläschchen heraus: „Schauen Sie sich einmal dieses Prachtexemplar an – es stammt von der Siegerin im Eiskunstlauf!" Sie wollte es mir in die Hand geben, aber eine gewisse Scheu in mir führte zu einer ablehnenden Gebärde. Die Professorin stellte das Gläschen wieder zurück und nahm ein anderes heraus: „Oder dieses hier – von dem berühmtesten Gewichtheber der siebziger Jahre – ganz klar Anabolika!" Ihre Augen erhielten einen träumerischen Glanz. Sie zeigte auf ein weiteres Fläschchen: „Hier der herausragende Sprinter – Amphetamine. Oder dort der Langstreckenläufer – Kortison. Wunderbar!"

Ich fragte: „Sie haben lange daran gesammelt?" Kasi Kurinow zuckte mit den Schultern: „Wie man's nimmt. Man muß natürlich schon sehr dahinter sein, wenn man tatsächlich die seltenen Flüssigkeiten haben will. Meine ehrenamtliche Tätigkeit in dem Gremium zur Dopingbekämpfung hat mir dabei geholfen – ich saß ja sozusagen an der Quelle. Aber oft ist es nicht leicht, den Stoff zu erhalten. Sie haben sicherlich davon gehört, daß die Sportler oft nicht müssen, wenn sie sollen – und wenn sie dann endlich können, muß man fix hinterher sein. Denn wie gewonnen so zerronnen..."

Ich: „Und dann?"

Frau Kurinow: „Einen gewissen Teil der Flüssigkeit benötigt man natürlich für die Analyse. Dabei stellt sich heraus, ob das entsprechende Exemplar überhaupt Sammlerwert besitzt. Negative Resultate werden eigentlich nur von Anfängern gesammelt. Das ist so wie bei den Briefmarkensammlern – die einen sammeln überhaupt nur Dinge wie die Blaue Mauritius, andere sammeln alles, was neu an den Postschalter kommt. Natürlich gibt es auch da Kuriositäten!"

Ich: „Wie meinen...?"

Frau Kurinow: „Nun ja – da gibt es den Fall des Radrennfahrers, der einfach den Urin einer trächtigen Kuh abfüllte. Es gab da einige Verwicklungen bei der Analyse, da wir zunächst nur die Schwangerschaft feststellten – später dann zu einem erhöhten Bleigehalt kamen, der durch den Genuß von Gras zustandekam, welches neben der Autobahn wuchs!"

Ich: „Und...?"

Frau Kurinow: „Der Radrennfahrer sprach von einer bedauerlichen Verwechslung. Er konnte selbstverständlich nicht belangt werden. Offensichtlich hatte man manipuliert, um ihn anzuschwärzen. Aber derartiges sammelt keiner. Es ist – wie gesagt – lediglich eine Kuriosität ohne Wert!"

Ich: „Wo liegt denn der Wert?"

Frau Kurinow: „Ich sehe es im Symbolhaften! Bei den Proben, die Sie hier sehen, handelt es sich samt und sonders um Medaillenträger bei Olympischen Spielen und Weltmeisterschaften – darunter gehe ich nicht. Ich halte den

Urin des Letzten eines Marathonlaufs für absolut wertlos. Aber nehmen Sie einmal einen Weltrekordler – das, was Sie hier sehen, war während seiner großen Leistung in ihm, es war sozusagen ein Stück von ihm – es ist deswegen weit mehr als nur ein Beweisstück!"

Ich: „Sehr interessant!"

Frau Kurinow: „Die Schar der Sammler wird leider immer größer, so daß es auch immer schwieriger wird, die wirklich wichtigen Exemplare zu bekommen. Mittlerweise wird so ein Fläschchen mit Flüssigkeit ja hoch gehandelt. Nächste Woche beispielsweise bin ich bei der internationalen Urinalien-Messe – ich habe es auf eine absolute Rarität abgesehen. Vielleicht kann ich sie ihnen zeigen, wenn sie wieder einmal zum Tee vorbeikommen!"

Ich: „Aber die Zahl Ihrer Fläschchen übersteigt doch bei weitem die Zahl der Sportler, die man wegen Dopings überführt hat!"

Frau Kurinow, erstaunt: „Das liegt nur an den Sportlern selbst, die meistens viel zu wenig Flüssigkeit absorbieren. Wir Sammler brauchen diesen Saft ja für uns – dann bleibt für die Analyse nichts mehr übrig!"

Ich: „Sie meinen . . ."

Frau Kurinow: „Ehrlich gesagt – es wäre doch schade drum! Bei der Untersuchung geht der Stoff verloren – das sind ja unersetzliche Werte! Man muß ja auch an die Sportler denken, die immer nur Ärger haben! Wir Urinsammler tragen also eigentlich auch noch dazu bei, den guten Ruf des Sports zu erhalten!"

Wir schritten wieder zurück ins Teezimmer von Frau Professor Kasi Kurinow – wirklich eine reizende Dame im stattlichsten Alter. Sie wollte mir noch eine Tasse anbieten, aber ich verzichtete. Wirklich eine interessante Sammlung – wenn der etwas strenge Duft nicht wäre, könnte ich mich auch mit dem Gedanken anfreunden.

Wozu Diskus-Kalli noch gut ist
oder
Wo die Scheichs heutzutage ihre Eunuchen herkriegen

Kaum sitze ich in dem Coffeeshop an der Ecke und bestelle bei Jenny Eier und Speck, aber knusprig, mit Kaffee, kommt doch so ein gewaltiger Lulatsch herein, und ich denke, wo hast Du den schon gesehen. Zuerst denke ich, vielleicht war er gestern schon da, denn ich bin schon vierzehn Tage in der Stadt und weil sie im Hotel einem fünfzehn Dollar für Eier, Speck und Kaffee abnehmen, gehe ich jeden Morgen lieber die paar Meter in diesen Coffeeshop, wo Du das gleiche von Jenny bekommst für dreifünfzig. Aber da grinst der Lulatsch auch schon wie ein Eimer saure Milch und haut sich mir gegenüber auf den Stuhl und sagt, möchte wetten, Du kennst mich nicht mehr.
Ich sage, Menschenskind, klar kenne ich Dich, aber wann war's denn, hilf mir doch mal, man lernt ja doch so viele Leute kennen, und mit der Zeit hapert's eben doch mit dem Gedächtnis. Der Lulatsch sagt, es geht ihm genauso und es muß schon mindestens zwanzig Jahre her sein, da wohnen wir gegenüber und sagen jeden Morgen Gutenmorgen, wenn wir zum Training gehen. Da kommt's mir wieder und ich sage, Menschenskind, Du bist doch Diskus-Kalli, dem die Alte weggelaufen ist, wo wir alle dachten, warum wohl. Das mit der weggelaufenen Frau tut mir auch gleich leid, weil ich mir vorstellen kann, es trifft ihn in der sensiblen Seele und er außerdem so ein gewaltiger Lulatsch ist, mit dem Du am besten keinen Streit anfängst, bevor man seine Eier mit knusprigem Speck gegessen hat. Aber Diskus-Kalli lacht nur und sagt, das ist ja schon so lange her, da macht es mir schon nichts mehr aus, aber das ist ja mal ein Zufall, daß wir uns hier sehen. Aber meinen Namen bringt er nicht mehr zusammen, obgleich er immer noch weiß, daß ich um die gleiche Zeit zum Hockey-Training gehe und manchmal ein Pflaster auf dem Auge trage oder gerade wieder beim Zahnarzt bin, weil man beim Hockey öfter zum Zahnarzt geht als in die Kirche. Da helfe ich ihm und stelle mich vor und Diskus-Kalli sagt, klar Mensch, jetzt blicke ich wieder völlig durch, Du bist Hockey-Ritschi — in der Aufstellung steht Rich Kai und in der einen Saison hast Du vierzehn Punkte gemacht, Du warst der

zehntbeste Verteidiger, weiß ich doch noch genau, sehe das vor mir, blicke voll durch.

Als Jenny die Eier und den Speck, aber knusprig, mit dem Kaffee bringt, und ihm auch gleich eine Portion, weil es um diese Zeit im Coffeeshop eh' nichts anderes gibt, sage ich, was hast Du denn gemacht die ganze Zeit und siehst ja noch immer ganz stabil aus, wenn auch ein bißchen Bauch nicht zu übersehen ist, aber bei so einem Lulatsch macht das weniger aus, weil es sich verteilt.

Da fängt Diskus-Kalli, der mit richtigem Namen Kallu Kasim heißt, eine lange Geschichte am erzählen, die in mir das allergrößte Interesse erweckt, obgleich ich eigentlich rüberwollte in den Garden, wo sie um diese Zeit immer trainieren und vielleicht fällt eine Geschichte ab. Diskus-Kalli fängt damit an, wie er morgens immer in den Kraftraum geht und dort einen Haufen Eisen in Bewegung setzt, weil das gut ist für die Muskeln, die einer, der bei den Olympischen Spielen den Diskus möglichst weit werfen will, ja dringend benötigt. Dann kommt er auf den späteren Vormittag zu sprechen, wo er einige Kilometer durch die Landschaft rennt und die gute Luft einatmet, die ebenfalls notwendig ist, wenn man den Diskus möglichst weit schmeißen will. Anschließend geht er immer zum Essen, wo er glatt drei Steaks von den großen verdrückt, aber sie werden ihm gestiftet und er muß nichts bezahlen, höchstens einmal verlauten lassen, daß es hier die besten Steaks weit und breit gibt, was den Umsatz fördert. Nach dem Essen legt sich Diskus-Kalli ein Stündchen oder zwei hin, was der Verdauung dienlich ist und auch der Erholung, was ja dicht miteinander zu tun hat. Nachmittags geht Diskus-Kalli wieder in den Kraftraum und bewegt Eisen, dann rennt er wieder durch die Landschaft und schließlich kriegt er nochmal drei Steaks. Jeden zweiten Tag fällt das Laufen am Abend aus, dann muß Kalli den Diskus möglichst weit schleudern, was er auch tut, aber die Trainer sind ein bißchen enttäuscht, weil die Fortschritte doch nicht so sind, wie man sie eigentlich erwartet.

Wie Diskus-Kalli auf diesen peinlichen Punkt zu sprechen kommt, bestellt er gleich noch eine Portion Eier, aber diesmal mit Schinken, weil der Mensch in seinem Speiseplan ja auch eine Abwechslung braucht. Wie Diskus-Kalli also seine Schinkeneier mampft, schimpft er tüchtig über den Trainer und kommt dabei auch gleich auf den Arzt zu sprechen, der immer dabei ist und kontrolliert, ob Kalli auch gesund bleibt, weil die Gesundheit doch die Hauptsache ist beim Sport. Dieser Arzt ist ein Pfundsdoktor, sagt Kalli, und als es nicht so klappt mit dem Weiterwerfen, kommt er eines Tages zu ihm, als er gerade abends seine drei Steaks in sich reinstopft. Der Arzt sagt zu Diskus-Kalli, die Steaks sind rein für die Katz, wenn Du nicht noch ein bißchen Stärkepulver dazu schluckst und gibt auch gleich eine Kurpackung von dem Zeug, was er mit Milch runterspülen soll. Diskus-Kalli läßt sich ab sofort zu den drei Steaks auch noch einen Liter Milch kommen, rührt das Pulver hinein und schluckt das Ganze. Was soll ich Dir sagen, sagt Diskus-Kalli, auf einmal gehen meine Muskeln auf wie die Dampfnudeln meiner Frau mit Hefe – Du weißt, sie kommt aus dem Böhmischen, wo man bekanntlich die allerbesten Dampfnudeln macht mit Zwetschgen oder Mohn, jenachdem.

Ich sage, Mensch Kalli, da hast Du aber Glück, daß Du so einen tollen Doktor hast, der sich in der Medizin so gut auskennt, wenn ich denke, wie wir da um jedes Millimeterchen Muskeln trainiert haben, obgleich man es beim Hockey nicht so braucht, wie beim Diskuswerfen. Aber Diskus-Kalli sagt traurig, Du hast keine Ahnung: Ich gehe auf drei oder vier Dorfsport-feste und schmeiße direkt Weltrekord, worauf ich in den Zeitungen unwahr-scheinlich gut wegkomme und beim Fernsehen geben sie mir fünf Hunderter, nur weil ich hinkomme und sage, es geht mir gut. Auf einmal bin ich die Nummer Eins und habe kaum noch Zeit, mich um die Frau zu kümmern, was die mir ziemlich übelnimmt, weil die aus dem Böhmischen ja anspruchs-voll sind, was ihre eigenen Männer anbetrifft. Ehrlich gesagt, sagt Diskus-Kalli, macht sie mir auch keinen Spaß mehr, weil ich vor lauter Erfolgen im Diskuswerfen überhaupt nicht mehr viel von den Weibern halte und mich am liebsten abends hinhaue und schlafe, vielleicht noch einen Blick auf die Urkunden und die schönen Medaillen, von denen ich sehr viel gewinne – ich sage, ganze Koffer voller Medaillen und Diplome habe ich gehabt.

Ja, sage ich und weil es länger dauert mit diesem Lulatsch von Diskus-Kalli, bestelle ich bei Jenny noch einen Topf Kaffee, aber ohne Eier, sondern einen Kleinen dabei wegen des Kreislaufs – ja, sage ich, aber was ist daran denn so traurig, das ist doch alles prima, wenn man so viel Erfolg hat mit dem Diskusschmeißen. Wenn die eigene Frau laufend Zores macht und Du bist berühmt, kriegst Du leicht eine andere, die nicht so aufmüpfig ist, sondern froh ist, brauchst sie ja nicht gleich zu heiraten.

Aber Diskus-Kalli sagt wieder, daß ich keine Ahnung habe, weil eines Tages die Frau aus dem Böhmischen ihren Koffer packt und weg ist unter Mitnahme des Sparbuchs und auch des Autos, was ihn ganz besonders trifft, denn er bekam es geschenkt für den ersten Weltrekord, wo die Frau nun überhaupt keinen Anteil hat auch von der Gütertrennung her. Diskus-Kalli sagt, er kriegt zwar immer bessere Muskeln, die ihn an die Dampfnudeln seiner böhmischen Frau erinnern, aber sonst will er nichts mehr mit Mädchen – am liebsten liegt er im Bett und hat neben sich auf dem Kissen, wo früher die Frau liegt, die Medaillen liegen. Die guckt Diskus-Kalli sich an, was ihm weitaus mehr Freude bereitet als die Böhmische, oder alle anderen Weiber auf der Welt. Worauf ich einen Spaß mache und zu Diskus-Kalli sage, vielleicht daß Du ein bißchen schwul wirst wegen der Medaillen auf dem Kopfkissen daneben, was ich aber für eine besondere Perversität halte — aber Diskus-Kalli findet meinen Spaß überhaupt nicht lustig und dröhnt, ich solle die Schnauze halten, so daß Jenny gleich kommt und sagt, in ihrem Laden herrscht Ruhe, sonst würde sie auch den längsten Lulatsch rausschmeißen, da kenne sie nichts. Ich sage, es war ja nicht so gemeint und bestelle noch einmal Eier für Kalli, aber der will lieber Pfannkuchen mit Sirup zum Nachtisch, und da es schon bald Mittag ist, sagt Jenny, daß sie ihm welche macht.

Um das Thema zu wechseln, was die Weiber anbetrifft, sage ich zu Diskus-Kalli, wie ich in der Zeitung gelesen habe, daß er doch riesige Erfolge hat und keine Sorgen. Da kommen schon die Pfannkuchen mit Sirup, die er gleich in sich reinstopft, daß sowohl Jenny wie auch ich vor Staunen uns kaum einkriegen können, weil wir noch nie einen gesehen haben, der so schnell drei so große Pfannkuchen reinbringt. Unsere Bewunderung beruhigt Diskus-Kalli denn auch so weit, daß er gleich weiter erzählt, als er den letzten Rest Sirup mit dem letzten Rest Pfannkuchen vom Teller wischt. Kalli geht also als Favorit zu den Olympischen Spielen und da kommen sie ihm drauf, daß das Fressen von dem Pulver eine ganz gefährliche Sache ist, die man verboten hat, weil die Muskeln dadurch wie Dampfnudeln wachsen. Diskus-Kalli sagt, sie geben ihm die Goldmedaille nicht, dafür verlangen sie, daß er sein Wasser abschlägt, was sie dann untersuchen und schon wird er lebenslänglich gesperrt.

Wie Diskus-Kalli das sagt, macht er eine ganz traurige Stimme und sieht gar nicht mehr aus wie langer Lulatsch. Außerdem schreiben sie in den Zeitungen, daß er eigentlich ein Betrüger ist, weil die anderen das Pulver nicht geschluckt haben, oder ein anderes, welches sich aber leider noch nicht nachweisen läßt im abgeschlagenen Wasser. Daraufhin fährt Diskus-Kalli direkt nach Hause von den Olympischen Spielen und geht zu dem Doktor und macht dem entsprechende Vorhaltungen, worauf der Doktor ungefähr drei Monate in ein Krankenhaus muß wegen verschiedener kleinerer Verletzungen. Diskus-Kalli sagt mit weinerlicher Stimme, wie er sich bei dem Doktor entschuldigt und es sei doch nicht gemeint gewesen, aber er hätte ihm ja wenigstens auch das Pulver geben können, das man noch nicht nachweisen kann im Abschlagwasser. Aber der Doktor ist wohl wirklich ernsthaft böse und kann auch nicht reden wegen der Silberdrähte, mit denen sie ihm nach den berechtigten Vorwürfen von Diskus-Kalli die Kieferknochen flicken.

Ja, sage ich und will schon anfangen, wie ich auch Pech gehabt habe in den zwanzig Jahren, die wir uns nicht gesehen haben, und daß es mir auch nicht so gut geht — denn ich glaube, gleich wird Diskus-Kalli mich um einen

Zehner anpumpen, oder noch mehr. Ich kenne solche Typen, die immer gleich denken, einer ist ein Krösus, nur wenn man eben mal Eier mit Speck, knusprig, mit Kaffee zu sich nimmt. Aber Diskus-Kalli ist mit seiner Geschichte nicht zu Ende, zumindest redet er nicht von Geld, was ich sehr angenehm empfinde. Er sagt, daß ihn keiner einstellen will, obgleich er doch ein kräftiger Bursche ist, der aber nichts gelernt hat außer dem schnellen Schwung beim Diskuswerfen. Einige Zeit geht es ja noch gut, weil er ja immerhin eine Berühmtheit ist und es gibt gar nicht so viel Menschen auf der Welt, die lebenslang gesperrt sind beim Diskuswerfen. Aber mit der Zeit steht er nicht mehr in der Zeitung und schon ist die Berühmtheit weg. Diskus-Kalli sagt, er hat eine Freundin aus England, aber die hat von Dampfnudeln nicht den Schimmer einer Ahnung und wenn er die alten Medaillen lieber auf dem Kopfkissen anschaut als die Engländerin, ist sie auf die Dauer ganz schön sauer und haut ebenfalls eines Tages ab, so daß Kalli ganz schön beschissen dasteht, denn das Geld geht auch zu Ende.

Nun denke ich, er fängt gleich an wegen einer kleinen Anleihe, aber Diskus-Kalli denkt nicht dran und sagt, wie er einen Scheich im Blumenladen trifft, wo er beim Austragen zeitweise ein wenig aushilft — oder auch in der Disco, wo er nachts an der Tür ein bißchen die Gesichter kontrolliert. Diskus-Kalli weiß im Moment nicht, war's der Blumenladen oder die Disco — auf jeden Fall um die Zeit muß es gewesen sein. Der Scheich kommt richtig aus dem tiefsten Arabien und hat Mücken, daß es nur so brummt, so mit Chauffeur, Rolls und auch Mädels. Dieser Scheich sagt nun, er will Diskus-Kalli haben als Gorilla, damit er aufpaßt, daß dem Scheich nichts passiert in diesen unsicheren Zeiten vor allem nachts auf der Straße, wo einer mit einem vollen Geldbeutel sich kaum noch an den Zigarettenautomaten getraut. Jetzt muß der Scheich nicht mehr selbst an den Zigarettenautomaten, sondern schickt Kalli, der das auch zur Zufriedenheit erledigt, weil sich keiner rantraut an solch einen langen Lulatsch mit Muskeln wie Dampfnudeln.

Mensch, sage ich, Diskus-Kalli, da bist Du aber fein raus, denn einer, der heutzutage einen arabischen Scheich zum Freund hat, braucht sich um seine Zukunft keine Sorgen mehr zu machen, weil sie ja alle voller Öl sind. Ja, sagt Kalli, aber er hat mich auch mitgenommen in seine ölige Heimat, wo es im allgemeinen ziemlich warm ist und Du kriegst kein Bier, weil sie nicht daran glauben, daß das gut ist. Außerdem fällst Du dort viel mehr auf mit der weißen Hautfarbe, weil es dort mehr Leute gibt, die so aussehen wie bei uns die Neger, wenn Du verstehst, was ich meine. Womit ich natürlich nichts gegen die Neger habe. Aber wie ich da so ein paar Wochen am Swimmingpool liege und darauf achte, daß der Scheich nicht ertrinkt oder gar ertrunken wird, weil sein Bruder ja auch gerne einmal ein Weilchen Scheich sein möchte — also wie ich da so herumliege, kommt eines Tages so ein Oberdiener von dem Scheich und sagt, Du sollst gleich zum Scheich kommen. Ich gehe also hin in meinem besten Anzug und er sagt, er hat das allergrößte Vertrauen in mich und will mir deswegen einen Job geben, der das Vertrauen rechtfertigt und beweist wie hoch das Vertrauen ist. Ich denke, jetzt werde ich mindestens Minister, aber der Scheich geht mit mir durch einen Garten, wo hinten eine Mauer ist und dahinter hat er das Haus mit allen seinen Weibern, denn ein Scheich hat immer unwahrscheinlich viele Weiber. Wie wir da nun reinkommen, geht ein ungeheures Gequieke los, was aber als Freude zu verstehen ist, weil der Scheich so oft nicht kommt in seinem Alter. Und wie die da so rumquieken vor Freude und einige gleich das Tanzen anfangen, wobei sie ziemlich ordinär mit dem Bauch wackeln und manche haben obenrum nichts an, da sagt der Scheich zu mir, jetzt wirst Du der Boß von dem Laden. Ich sage, das ist eine große Ehre und denke, daß ich mit Weibern eigentlich gar nichts mehr im Sinn habe — erstens weil, ich lieber die Medaillen auf dem Kopfkissen neben mir anschaue, und zweitens die Mädels in Arabien sowieso keine Dampfnudeln nach böhmischer Art machen können. Aber da sagt der Scheich auch schon, daß er mich genau beobachtet hat und weiß, einer, der den Diskus weit schmeißen konnte, nachdem er das Pulver für die Muskeln gefressen hat, ist eigentlich der geborene Mann zum Aufpassen im Weiberhaus, wozu sie da Harem sagen.

Mann, Diskus-Kalli, sage ich, da hast Du aber ganz schön Karriere gemacht, ich habe noch nie einen kennengelernt, der so einen Job hat, weil man da immer die Eunuchen rangelassen hat, die aber irgendwie nicht ganz komplett waren. Das mit den Eunuchen hätte ich besser nicht gesagt, denn nun springt Diskus-Kalli auf und sieht richtig wütend aus — er sagt, das sagst Du nicht noch einmal zu mir, und er will gleich den ganzen Laden in Klump hauen, worauf Jenny ankommt und sagt, daß er endlich abhauen soll, weil sie einen, der immer Stunk macht, nicht brauchen kann, es ist auch nicht gut wegen der anderen Gäste, die auch schon ganz verbiestert rüberschauen. Daraufhin knallt Diskus-Kalli einen Zehner auf den Tisch und sagt, daß er schon damals von einem solchen Laumann wir mir nichts hält und er hat immerhin einen krisensicheren Job bei seinem Scheich, was ich von mir nicht sagen kann. Und überhaupt ist der Scheich mit einem Teil seiner Weiber im Hotel, er muß sowieso gehen, auf meine Gesellschaft kann er auch verzichten.

Jenny schob schnell den Zehner ein und sagt, Du hast aber komische Freunde und für Dich macht es noch einmal einen Fünfer wegen dem extra Kaffee und dem Kleinen wegen dem Kreislauf. Ich bin dann doch noch rüber in den Garden, wobei ich mir unterwegs überlege, daß es immer auch zu etwas gut ist, wenn man das Pulver gefressen hat und keinen Bock mehr auf die Mädels hat deswegen. Aber im Garden war das Training schon zu Ende, was zur Folge hat, daß mir keine Geschichte einfällt.

Antitennis ist ein beliebter Zeitvertreib
oder
Ein Ball ist billiger,
als kein Fahrrad zu kaufen

Es hat sich so ergeben, daß die Menschheit seit mehreren Jahrhunderten nur noch ihren Revolutionen frönt. Nach religiösen, wirtschaftlichen und sozialen Revolutionen begannen um 1900 (nach Christi) auch die sportlichen Revolutionen, die bis in die jüngste Vergangenheit andauern. Man nehme nur die Tennis-Revolution, die sich zu Beginn der siebziger Jahre ausbreitete wie die Maximatose unter dem Kaninchenbestand Australiens. Die Parallele zu dieser ausrottenden Krankheit ist durchaus real: Der Virus dieser Seuche wurde extra erfunden, um die Zahl der Karnickel zu dezimieren; es handelt sich also um eine künstliche Krankheit, was man auch als einen besonderen Triumph der Wissenschaften bezeichnen kann – der Tennis-Virus ist ähnlich künstlich entstanden, da es für den Bestand der Menschheit keineswegs nützlich ist, einen Ball über ein Netz zu schlagen; seine Ausbreitung war genau wie bei der Maximatose nicht auf einen Kontinent zu beschränken.

Da aber Revolutionen (Umwälzungen) und Evolutionen (Entwicklungen) durchaus in einem logischen Zusammenhang stehen, bemerken wir nach der Tennis-Revolution, die beispielsweise den Herstellern immens wichtiger Stirnbänder gewaltige Umsätze bescherte, bereits eine Gegenrevolution. Die Rede ist von der Antitennis-Bewegung, die in den Ländern dieser Erde bereits eine Millionenschar begeisterter Anhänger besitzt, die sich täglich vermehrt. Immer wieder kann man auf den Tennisplätzen Männer und Frauen sehen, die bisher verbissen, verschwitzt, mit schmerzenden Füßen und strähnigem Haar dem kinderfaustgroßen Ball nachliefen – plötzlich aber schenken sie den Schläger einem unschuldigen Passanten, werfen das schweißnasse Hemd in den nächsten Papierkorb, ziehen die unangenehm riechenden Schuhe aus und legen sich in den Schatten eines Baumes, wo sie glückselig lächelnd die Augen schließen. Nach Jahren des Streß (hoffentlich ist der Platz frei!), des Frusts (jetzt hat dieser Dummkopf mich wieder geschlagen!) und der Strapazen (mein Tennisarm wird auch immer schlimmer!) haben diese Menschen auf einmal den inneren Frieden gefunden. Antitennis ist der weitaus beliebteste Zeitvertreib auch in unserem Lande: Man kann davon ausgehen, daß allein in der Bundesrepublik Deutschland etwa fünfundfünfzig Millionen Antitennisten leben, und zwar sehr glücklich. Viele von ihnen haben in ihrem ganzen Leben noch nie Tennis gespielt, andere wiederum sind erst kürzlich zu der neuen Bewegung gestoßen. Sie sind durchaus auch ein wirtschaftlicher Faktor, da sie Hunderte Milliarden harter Währung für Anschaffungen ausgeben, die nicht das geringste mit Tennis zu tun haben. Die Antitennisten sind dabei ein sehr geselliges Völkchen; an warmen Sommernachmittagen kann man sie auf den Terrassen ihrer Häuser sitzen sehen, wo sie nicht die geringste Bewegung unternehmen, die etwas von der Hektik des Tennisspieles hat. Es kommt auch vor, daß Antitennisten sich gegenseitig einladen und anschließend ihr Schlaflager miteinander teilen. Antitennis ist zudem eine Sportart, die sich durch ihre einfachen Regeln auszeichnet und deshalb für jedermann begreiflich und erschwinglich bleibt. Man kann es im Kino betreiben, im Arbeitszimmer, im Abendkleid und Smoking genauso wie in Jeans und Pyjama, selbst nackt geht es.

Antitennisten werden nicht mit den Problemen des ewigen Wettkampfs belastet, sie brauchen keine Rücksicht auf die ewige Hackordnung einer Rangliste zu nehmen, ihnen bleibt der Ärger mit Tennislehrern erspart, sie leben ohne die Nervosität eines bevorstehenden Matches und ohne die innere Leere nach einer deprimierenden Niederlage: Sie haben eigentlich überhaupt keines von jenen Problemen, mit denen Tennisspieler sich laufend konfrontiert sehen. Man könnte ihre Lebensmaxime wie folgt umschreiben: Eile mit Weile.

Immer wieder kommen Tennisspieler und stellen die Frage, wie man denn zu einem Antitennisten werden kann — wo bestehen die Unterschiede zu Antiradlern, Antitischtennisten, Antischwimmern. Hier gilt es in der Tat, den Rat erfahrener Antitennisten in Anspruch zu nehmen. Ein Tennisspieler, der seinen Schläger schon einmal in wilder Wut zerbrach, oder einen Ball in ähnlicher Gefühlsaufwallung mehrere hundert Meter weit schlug, oder an einem schönen Morgen nur wegen einer festen Verabredung gezwungenermaßen auf den Platz geht, obgleich er viel lieber Rasen mähen möchte — so einer bringt schon sehr viele Voraussetzungen mit, von einem Tennisspieler zu einem Antitennisten zu werden. Und was die Unterschiede anbetrifft: Ist es nicht weitaus sparsamer, auf die Anschaffung eines Tennisballs zu verzichten, als kein Fahrrad zu kaufen? Läßt sich eine Tischtennisplatte denn nicht auch, nett dekoriert, zur Durchführung familiärer Feste benutzen, was man von einem Tennisplatz nicht behaupten kann?

Selbstverständlich sind die Gefahren nicht zu unterschätzen, denen sich ein Antitennist ausgesetzt sieht — vor allem, wenn er bisher ein Tennisspieler

war. Wenn man davon ausgeht, daß Streß zu den gesundheitsfördernden Kriterien zu zählen ist, braucht der Anfangs-Antitennist wohl unbedingt die Beratung eines Arztes oder eines Psychiaters, um sich seinem neuen Antitennis-Dasein auch ausreichend gewappnet zu sehen. Es ist darauf zu achten, daß man größere Mengen Nahrung in fester und flüssiger Form zu sich nimmt — die Anschaffung bequemer Sitz- und Liegemöglichkeiten ist oft als Voraussetzung anzusehen — das Fehlen von Schmerzen in Muskeln und Knochen hat in manchen Fällen zu Entzugserscheinungen geführt, die die schlimmsten Folgen nach sich zogen. Wir erinnern uns an einen vom Tennisspieler zum Antitennisten gewordenen Mann, der heimlich nachts aufstand und im Schein der Straßenlaterne Aufschläge übte — ein bedauerlicher Rückfall, der sich allerdings nach einer intensiven Gruppentherapie beheben ließ.

Eine abzulehnende Begleiterscheinung des Antitennistums sehen wir in professionellen Bestrebungen: Eine amerikanische Incorporation (Ltd.) hat sich in letzter Zeit mit der Einführung von Turnieren befaßt, an denen berufsmäßige Antitennisten teilnehmen sollen; gewonnen wurde dieser Wettbewerb von dem tibetanischen Mönch Dabei Lamar, der das Netz zwischen den Pfosten so befestigte, daß er es bequem als Hängematte benutzen konnte. Ernstzunehmende Führer der Antitennis-Bewegung halten die Veranstaltung solcher Vorführungen für abartig und nicht den Grundsätzen entsprechend: Erstens einmal widerspricht allein das Aufsuchen einer Tennisanlage keineswegs den Zielen des Antitennistums — zweitens sind Professionalismus und Antitennis in sich nicht miteinander zu vereinbaren; Antitennisten sind immer Amateure, es sei denn, sie beziehen ihr Honorar aus der probeweisen Benutzung von Liegestühlen.

Kürzlich erhielten wir den begeisterten Brief eines Antitennisten, der nach jahrzehntelanger Tennisleidenschaft zu uns fand. Er schrieb: „Ich weiß noch genau den ersten Tag, an dem ich nicht Tennis spielte, sondern statt dessen in einer Konditorei drei Stück Schwarzwälder Kirschtorte aß mit Schlagsahne. Ich bin seither ein anderer Mensch geworden und möchte Ihnen und Ihrer Bewegung sehr herzlich danken!" Wir möchten bei dieser Gelegenheit auch allen anderen danken, die uns auf diese Weise ihre Verbundenheit kundtun. Für sachlich unrichtig halten wir dabei lediglich den Ausdruck ‚Bewegung' (engl.: movement), da er den Zielen des Antitennis nicht entspricht.

Das schöne Herzschlagspiel
oder
Aerobic macht Spaß

In der Bodenkammer unseres Hauses befinden sich ein halbes Dutzend Hulahoop-Reifen, mehrere Garnituren Federballspiele, drei komplette Tennisausrüstungen, jegliches Joggingzubehör, ein Hometrainer mit verstellbaren Tretgraden, ein Krocketspiel für den Garten, zwei Volleybälle, vier Paar Langlaufski, ein Dartgame, sieben Trainingsanzüge für die verschiedensten Gelegenheiten sowie ungefähr fünfzig Bücher von der Anleitung zum Degenfechten bis zu den Eishockeyregeln, wobei mir einfällt, daß unter den Utensilien auch noch mehrere Schlittschuhe liegen. Die Aufstellung ist mit Sicherheit längst nicht komplett. Seit einiger Zeit liegt da auch noch ein resedagrüner Anzug mit kanariengelben Querstreifen. Doch der Reihe nach : Wie sich unschwer erkennen läßt, herrscht in unserer Familie ein außerordentlich sportiver Geist. Die abgelegten Artikel in der Bodenkammer unseres bescheidenen Hauses würden jedem Sportmuseum, welches einen Abriß der Aktivitäten der Bevölkerung in diesem unserem Lande über das vergangene Vierteljahrhundert geben möchte, zur Ehre gereichen. Wir haben alles mitgemacht. Und wenn ich sage, alles, dann meine ich auch alles.
Im letzten Falle vermochte ich der Versuchung einige Wochen zu widerstehen, wobei ich Neid und Mißgunst im Herzen keineswegs ableugne. Der tiefere Grund für diese zweifelsohne negativen Emotionen lag darin, daß ich mich nicht traute. Doch eines Tages verwarf ich alle Zweifel. Ich stürmte kurz entschlossen in eine Sportartikelhandlung und kaufte. Der Anzug war resedagrün mit kanariengelben Querstreifen. Die Verkäuferin behauptete, er würde mich gut kleiden. Ich probierte ihn zunächst allein im Badezimmer vor dem großen Spiegel : Wenn ich den Bauch ein wenig nach innen straffte, unterstrichen vor allem die kanariengelben Querstreifen meine athletische Figur. Dann schritt ich erwartungsvoll die Treppe herab, um mich den Angehörigen zu präsentieren.
Es hatte sich so ergeben, daß unsere heranwachsende Tochter ein halbes Dutzend Freundinnen zu Gast hatte — außerdem gab die Frau des Hauses einen Tee für die Damen der weiteren Nachbarschaft ; ich habe es langst

aufgegeben, die Gründe für derartige Teestunden herauszufinden. Um es kurz zu machen: Zunächst verstummten alle Gespräche, so als sei ich eines von diesen resedagrünen Männchen, die immer vom Mars zu uns kommen. Dann fielen einige der jüngeren und älteren Damen tot um, andere kämpften mit schrecklichen Erstickungsanfällen, viele weinten. Ich wandte mich still ab und ging hinauf in mein Arbeitszimmer, wo ich mich telefonisch in einem Aerobic-Zentrum anmeldete. Ein zwölfstündiges Abonnement für hundert Mark, wobei mir die Dame am Telefon sagte, das sei geschenkt. Ich bedankte mich sehr herzlich.

Ich gebe gerne zu, daß die Reaktion der Damen in diesem meinem Hause mich nicht nur beleidigte, sondern in tiefster Seele kränkte. Nur meiner allseits bekannten Zurückhaltung war es zu verdanken, daß ich diesen Tee- und Kaffee-Tanten nicht laut zurief: „Ein wenig Schönheit und Gesundheit würde Euch auch nicht schaden!" Aber was soll's: Es war schon immer das Schicksal von Pionieren, märtyrerhaft leiden zu müssen. Wobei ich allerdings zugestehe, daß kanariengelbe Querstreifen auf resedagrünem Untergrund den verhängnisvollen Hang meiner Hüften zur Fülle unvorteilhaft unterstreichen.

Der Sinn der Aerobic liegt — wie schon der Name besagt — in der Aufnahme von Luft. Nun ist es zwar so, daß der Mensch selbst beim Schlafen Luft aufnimmt, aber offensichtlich nicht genug. Deshalb hat man Aerobic erfunden, weil man sich da bewegt, und wenn sich einer bewegt, atmet er schneller und nimmt deswegen mehr Luft auf. Natürlich läßt sich diese Bewegung beispielsweise auch beim Rasenmähen erzielen, aber da man dabei keine resedagrünen Anzüge mit kanariengelben Querstreifen trägt (was sollen die Nachbarn sagen?), hat man Aerobic kreiert, wo derartige Anzüge nicht weiter auffallen, sondern geradezu Pflicht sind. Außerdem trägt man von den Waden bis über die Knie sogenannte ‚Legwarmer' — eine Art Pulswärmer für die Beine, die nach Möglichkeit farblich auf den Anzug abgestimmt sein sollten. Meine Legwarmer sind pink — ein Billigangebot.

Das Aerobic-Zentrum besteht aus einer geräumigen Schulturnhalle, einer Stereo-Anlage von schätzungsweise zweihundert Watt sowie einer Dame, die außerordentlich attraktiv wirkt, so lange sie den Mund hält. Wenn sie spricht, ist es sächsisch, wobei natürlich nichts gegen diese Mundart gesagt sein soll, obgleich sie den optischen Eindruck wesentlich beeinträchtigt. Außer mir sind noch etwa hundertfünfzig Menschen da, die genau wie ich nach Gesundheit und Schönheit dürsten. Die meisten von ihnen sind ähnlich gekleidet wie ich (resedagrün/kanariengelb/pink), so daß ich nicht weiter auffalle: Nichts schafft so viel Solidarität wie gemeinsames Märtyrertum — eine Tatsache, die seit der Zeit der Christenverfolgung in den Katakomben von Rom Gemeingut jedes gebildeten Kinogängers ist.

Aerobic ist eine Sache, die vor allem Spaß macht. Deswegen hält die Sächsin auch eine sehr spaßige Ansprache zur Einführung, in der sie immer wieder darauf hinweist, daß wir alle sehr viel Spaß miteinander haben werden. Dann stellt sie die zweihundert Watt ein, gegen die eine perfekt beschallte Diskothek so säuselnd wirkt wie das Flötenspiel eines griechischen Ziegenhirten in einsamer Landschaft. Zuerst laufen wir auf der Stelle nach dem Takt der zweihundert Watt, was innerhalb weniger Minuten zu sturzbachartigen Schweißausbrüchen und der Erkenntnis führt, daß ungefähr die Hälfte der Anwesenden gestern ein naheliegendes jugoslawisches Restaurant besuchte, welches für den reichhaltigen Gebrauch von Knoblauch Berühmtheit genießt. Dann strecken wir die Beine abwechselnd und strampelnd in die Luft – ich kenne das von französischen Can-Can-Tänzerinnen her, die anschließend immer freudejuchzend in den Spagat fallen. Bei einer Dame links von mir, in der ich unschwer die zur Korpulenz neigende Bäckersfrau identifiziere, sieht das sehr sonderbar aus – sie wirkt wie ein zappeliges, knallrotes Schlauchboot.

Nach etwa zweieinhalb Stunden sind erst zehn Minuten vergangen und ich spüre eine langsam nahende Bewußtlosigkeit, die lediglich vom Stereoton der zweihundert Watt fortgepeitscht wird – wahrscheinlich geht das genauso bei den Negerstämmen, die im Urwald tagelang nach dem Tam-Tam der Trommeln in einen Trance geraten und tanzen, ohne zusammenzubrechen. Wenn Trancezustand sich in roten Kringeln vor den Augen ausdrückt, befinde ich mich in demselben.

Plötzlich heißt es, ich müßte mich jetzt auf den Rücken legen. Natürlich nicht, um auszuruhen : Wir strecken schätzungsweise tausendmal das linke Bein in die Höhe, dann genauso oft das rechte Bein – dann Aufsitzen mit den Händen am Hinterkopf. Ich registriere mittlerweile beidseitige Leistenbrüche sowie einen Riß des Zwerchfells. Ich hätte längst aufgegeben, wenn da rechts neben mir nicht ein Typ wäre, dessen drahtige Schlankheit mir zuvor unangenehm auffiel – er ist offenbar in eine tiefe Ohnmacht versunken, was mich sonderbarerweise zu größerer Leistung anstachelt. Schon dürfen wir auch wieder aufstehen und hüpfend Rumpfbeugen machen. Nach vorne geht es gut, wenn man die Knie nicht ganz durchdrückt. Nach links und rechts zersplittern meine Nieren. Nach hinten gehen einige Bandscheiben flöten. Aerobic ist ein Herzschlagspiel, dessen Regel besagt, daß derjenige gewonnen hat, der als Letzter den Herzschlag erleidet.

Das Ende der Stunde, die ich der Gewinnung von Schönheit und Gesundheit gewidmet habe, erlebe ich im Unterbewußtsein. Als die Sächsin lächelnd die zweihundert Watt abschaltet, herrscht in der Halle eine Stille, wie man sie von Besichtigungen sakraler Bauwerke her kennt. Erst nach einigen Minuten höre ich das Schluchzen einiger sensibler Aerobicer sowie ein rasselndes

Röcheln, vom dem sich herausstellt, daß es tief aus mir kommt. Die Dame mit dem sächsischen Akzent kassiert rund hundertfünfzig Hunderter und meint, wir sollten das nächste Mal etwas pünktlicher sein, da draußen schon die anderen warten, die ebenfalls schöner und gesünder durch den Spaß an der Aerobic werden wollen.

Was die Luftaufnahme anbetrifft, so ist es in der Tat so, daß man durch Aerobic erst merkt, wie gut die Luft draußen ist. Ob ich diesen Ozon-Schock allerdings noch neun weitere Male durchstehe, um das gesamte Abonnement abzudienen, kann ich im Moment nicht sagen. Zunächst einmal bringe ich den Anzug (resedagrün/kanariengelb) in die Bodenkammer, wo ich ihn gleich neben die Hulahoop-Reifen ablege.

Das Parapsychologische am Schachspiel
oder
Wenn einer Laub vom Rasen kehrt

Es geht hier nicht um die Diskussion, ob das Schachspiel als vollwertiger Sport anzusehen ist. Die Muskelbildung an Daumen und Zeigefinger, die man beim Setzen der Figuren benutzt, mag in der Tat gering sein – und der gute dunkle Anzug als Wettkampfkleidung erscheint auf den ersten Blick ebenfalls befremdlich. Aber wie jedermann weiß, ist das Schachspiel in erster Linie eine geistige Auseinandersetzung nach strengen Regeln, bei dem äußere Einflüsse eine gewaltige Rolle spielen. Alle Fans des Spiels wissen längst von den parapsychologischen Manövern, die in den Begegnungen der Großmeister letzten Endes entscheidend sind. Der Hypnotiseur in der ersten Zuschauerreihe, die drei in orangefarbene Gewänder gekleideten Mönche, die geheimnisvolle Strahlung der Diamanten im Ohrgehänge einer verschleierten Dame, das helle Summen einer dressierten Mücke – alles das sind Dinge, die eine Weltmeisterschaft öfter entschieden haben als eine simple Rochade. Immer wieder gerne lese ich in den Memoiren des unvergeßlichen Strategen Keith Kasimir, wie er den berühmt gewordenen Kandidatenkampf von Muschkaken (Ostpreußen) lediglich verlor, weil der angeblich italienische Koch seines Gegners Bogoljubow, ein Mann namens Cosa Calidrutti, die Bratkartoffeln anbrennen ließ – wo jeder Schachanhänger wußte, daß Keith Kasimir beim Geruch angebrannter Kartoffeln seine Konzentration über Tage hinaus verlor. Ein Wunder, daß K. Kasimir seinerzeit noch imstande war, die geniale Eröffnungsvariante zu zeigen, die bis auf den heutigen Tag als ,Muschkakener Eröffnung' jedem Lehrbuch zur Zierde gereicht.

Nun soll ja keiner kommen und behaupten, daß es diesen parapsychischen Zinnober nicht etwa auch im täglichen Schachleben geben kann. Das Gegenteil ist richtig: Ich bin davon überzeugt, daß ein Champion wie Du und ich noch viel stärker derartigen Einflüssen ausgesetzt ist, da es ja keine Betreuer gibt, die so etwas abstellen. Manchmal kann ich mich des Eindrucks nicht erwehren, daß alle Mitmenschen es nur darauf anlegen, meine übermenschliche Konzentrationskraft beim Schachspiel zu vernichten.

Nehmen wir zum Beispiel einmal Samstagnachmittag — sagen wir, zwischen drei und sechs. Als Gegner sitzt da Herr Karnap, ein im Grunde genommen netter Nachbar, gegen den überhaupt nichts zu sagen ist, als daß er vom Schachspiel nun wirklich nicht sehr viel Ahnung hat. Deswegen gelingt mir auch gleich zu Beginn eine geniale Variante der berühmten sizilianischen Eröffnung, die Herrn Karnap als einen Kaffeehausspieler von der primitivsten Art entlarvt. Ich gestatte mir eine kleine Bemerkung, die als Scherz gedacht ist: „Meinen Sie nicht auch, daß Spassky längst aufgegeben hätte?!" Der Nachbar schweigt und nimmt nach einem Weilchen einen kleinen Schluck von dem trockenen Weißen, zu dem wir uns entschlossen haben. Es irritiert mich allerdings, daß er ausgerechnet aus meinem Glas trinkt.

Ich setze mein Vernichtungswerk fort: Ein glänzendes Mittelspiel, wie man es seit Steinitz nicht mehr erlebte, eröffnet mir vor allem auf der linken Brettseite eine Position, die alles das verrät, was man als guter Spieler nun einmal haben muß — Phantasie, Esprit, kühle Überlegung und ein heißes Herz. In diesem Moment geschieht etwas, was bei jeder Weltmeisterschaft sofort zu einer Unterbrechung von mindestens vierzehn Tagen geführt hätte: Es erscheint ein fünfzehnjähriges Mädchen unangemeldet und verlangt kategorisch fünfzehn Mark für eine Reitstunde, die zu zahlen ich in einem Anfall von Großmut vor längerer Zeit versprochen habe. Die Ablenkung kostet mich beziehungsvoll außerdem ein Rössel, dem ich in einem grandiosen Finale eine Schlüsselposition zugedacht hatte.

Nachdem es mir gelungen ist, die zum Zerreißen gespannten Nerven wieder zu beruhigen, stelle ich den Turm so in die Schlacht, wie es Bottwinnik einmal bei einer Simultanvorstellung (dreißig Gegner) in Elberfeld demonstrierte; Herr Karnap seufzt ergeben vor so viel Größe. Leider werde ich dieses Turms verlustig, als — ebenfalls unangemeldet — ein Lulatsch hereinkommt und von sich behauptet, er müsse Herbst und Winter barfuß laufen, was sicherlich seiner Gesundheit und den angestrebten Schulnoten hinderlich sei. Nein — etwas anderes als Tennisschuhe lehnt er strikt ab, weil man zu Jeans immer nur solche Schuhe tragen kann. Ich gebe ihm den Rest aus meinem Geldbeutel und wende mich wieder dem Spiel zu. Der Nachbar fragt hoffnungsfroh, ob sich noch weitere Kinder im Haus befinden. Ich schweige.

Natürlich gebe ich mich längst nicht verloren. Jeder, der meinen ungeheuren Kampfgeist kennt (engl.: fighting spirit), weiß, daß ich es geradezu liebe, im Endspiel einer Schachpartie gefordert zu werden. Gerade hier zeigt es sich, ob einer das hat, was man als guter Spieler haben muß (siehe oben). Eiskalt knüpfe ich aus der Dame, dem verbliebenen Rössel und beiden Läufern ein filigranes Netz teuflischer Fallen, wie man es seit Bobby Fischers Weltmei-

sterschaft in Reykavik im Jahre 1972 nicht mehr sah. Alle Großmeister dieser Welt hätten das durchdachte Aufbäumen meinerseits mit allerhöchster Anerkennung belohnt. Der Nachbar schien in eine tiefe Depression zu versinken, die unterbrochen wurde durch die Frau des Hauses, die nach einem Hinweis auf die Zusammenstellung des sonntäglichen Mittagessens („Soll ich Salzkartoffeln dazu machen, oder vielleicht doch lieber Semmelnknödel?") bemerkt, daß man das Laub vom Rasen harken müsse. Ich murmele etwas über gewisse Frauen, die es nicht verstehen, wenn sich ihr Ernährer am Wochenende ein wenig entspannen möchte – außerdem weise ich darauf hin, daß es seltsamerweise in der Geschichte dieses Spiels nie eine Frau gab, die einem Großmeister auch nur annähernd das Wasser zu reichen imstande war. Daraufhin geht sie selbst und harkt. Herr Karnap tut so, als habe er den Disput nicht wahrgenommen und bedroht meine Dame.

Man glaubt gar nicht, wie stark die parapsychologische Strahlung einer Frau ist, die vor dem Fenster mittels eines Rechens Laub zusammenkehrt, wenn man sich drinnen im Endkampf einer Schachschlacht befindet. Jeder Strich durch den Rasen ist auch ein Strich durch mein sensibles Nervensystem – jedes Rascheln der herbstlichen Blätter lärmt wie ein kilometerlanger Güterzug. Während Herr Karnap mir die Dame wegnimmt und gleichzeitig Schach entbietet, überlege ich mir fieberhaft, wie ich nächsten Samstag drei tibetanische Mönche in orangefarbenen Gewändern herbeischaffe, um sie zwischen drei und sechs am Nachmittag in unser Wohnzimmer zu setzen.

98

Tennisplatz gegen
geschwollene Knöchel
oder
Wie man zu einer zwanzig Jahre
jüngeren Frau kommt

Wie ich einmal wieder zu Krapfen-Emil gehe, weil er wirklich die besten Krapfen in der Stadt macht, im Gegensatz zu Berliner-Paul, der dafür manchmal ein Fett nimmt, das er sich aus der Fischbratküche besorgt – wie ich also zu Krapfen-Emil gehe und denke, so zwei oder drei kannst Du schon verdrücken mit einem Kännchen Kaffee dabei, sitzt da schon ein Kerl namens Ludrig Simir und sieht vom Schicksal sehr mitgenommen aus. Ich sehe Ludrig Simir zum ersten Mal nach zehn Jahren, aber weiß noch genau, wie wir uns wundern über seinen Vornamen, der tatsächlich mit ,r' geschrieben wird und nicht mir ,w', was Ludrig Simir auf eine Familientradition zurückführt, obgleich wir alle glauben, sein Vater ist wieder einmal besoffen bei der Anmeldung von dem Namen im Standesamt. An dem Nachnamen Simir finden wir übrigens nichts, was außergewöhnlich ist.

Da ich Ludrig Simir als einen fröhlichen Menschen kenne, der auch schon mal 'nen Krapfen springen läßt, bin ich sehr freudig überrascht und setze mich auch gleich zu ihm und sage, wie sehr es mich freut, weil wir uns so lange nicht gesehen haben. Aber Ludri, wie wir ihn früher nennen, hat den Blick eines kranken Bernhardiners, wobei einer wissen muß, daß kranke Bernhardiner einen besonders kranken Eindruck hinterlassen, seit ich mal einen in Pflege gehabt habe über die Ferien, was ich ganz gewiß nie wieder tue. Bevor Ludri noch meine Frage nach dem Ergehen ausreichend beantworten kann, steht schon Krapfen-Emil am Tisch und fragt, was darf's sein und ich sage, zwei oder drei, je nach Größe, mit Kaffee. Du mußt wissen, sagt Ludri, geschäftlich kann ich nicht klagen, weil der Gebrauchtwagenhandel seinen Mann immer noch ernährt, wenn einer hinterher ist und selbst danach schaut. Also, sage ich, dann ist doch alles in Butter und wie schön, daß wir uns wieder einmal sehen und es wäre ja eigentlich ein Grund zum Feiern, wenn es nicht heller Nachmittag ist, wo die Feiern einem zu schnell in den Kopf steigen und unangenehm auffallen. Aber Ludri verzieht kein bißchen das Gesicht und ist traurig, bis ich ihn frage, was denn los ist.

Es fängt damit an, daß ich ein Wochenendhaus kaufe, sagt Ludri, was ich meiner Frau zu Weihnachten schenke, damit sie auch mal rauskommt, wo sie doch fast zwanzig Jahre jünger ist. Mann, sage ich, dann geht es Dir aber gut mit dem Gebrauchtwagenhandel, denn wer leistet sich schon ein Wochendendhaus, ganz zu schweigen von einer so jungen Frau. Aber Ludrig Simir läßt sich durch mein Lob überhaupt nicht aufmuntern, sondern blickt wieder wie der kranke Bernhardiner in seinen Kaffee und macht aus dem guten Krapfen von Krapfen-Emil lauter kleine Brösel, was wirklich die reine Sünde ist. Dann sagt Ludri leise, die Frau will unbedingt einen Tennisplatz neben das Wochenendhaus, was dazu führt, daß er das Nachbargrundstück auch noch kauft. Ich ahne schon, was jetzt kommt, und sage, da hast Du aber ganz schön investiert in die Kleine, wenn Du nicht nur das Wochenend-haus kaufst, sondern auch noch das Nachbargrundstück und alles nur, weil die gnädige Frau einen Tennisplatz will.

Aber Ludri winkt nur leicht ab mit der linken Hand, womit er gerade den Krapfen zerbröselt und sagt, daß der Gebrauchtwagenhandel das leicht abwirft, wenn man selbst hinterher ist und den Angestellten auf die Finger schaut – er sagt, daß der Tennisplatz gar nicht so schlimm ist, nur die Nachbarn beschweren sich wegen dem ewigen Geknalle von den Bällen, was er aber mit einigen blauen Scheinen ausgleicht. Leider kommt nun eines Tages die junge Frau von Ludri und zeigt ihrem Ehemann die Fußknöchel und sagt, die sind ganz dick geschwollen und ihre Freundin sagt, der Platz ist zu weich. Wie Ludri sagt, sieht er nichts von einer Schwellung und meint, sie solle sich nicht so haben – andere Weiber sind schon glücklich, wenn sie ein Wochenendhaus haben ohne Tennisplatz und irgendwann muß auch mal Schluß sein mit den notwendigen Anschaffungen, die auf die Dauer ganz schön ins Geld gehen.

Nun muß einer wissen, daß ich es für den Tod nicht ausstehen kann, die Ehegeschichten von anderen zu hören, selbst wenn es sich um einen so guten Freund wie Ludrig Simir handelt, den ich schon zehn Jahre nicht sehe, was aber an der Freundschaft nichts ändert. Um Ludri also ein wenig aufzumun-tern, sage ich, daß er natürlich recht hat, denn ein Tennisplatz ist wirklich das allerletzte, was einer braucht, wenn er schon ein Wochenendhaus hat, womöglich mit schönem Blick aufs Gebirge, wo man Samstagnachmittag immer hinschaut, selbst wenn man eine Frau hat, die zwanzig Jahre jünger ist.

Aber Ludri ist nun richtig ins Fahrwasser gekommen und sagt mit seinem Gesicht wie ein kranker Bernhardiner, wie er den Tennisplatzbauer kommen läßt und ihm den Befehl gibt, den Tennisplatz härter zu machen, damit die Alte nicht mehr mault wegen der dicken Knöchel. Eine Sache, die ganz schön ins Geld geht und ich denke, dafür kriegt er leicht eine neue Frau, wenn

vielleicht auch keine, die zwanzig Jahre jünger ist. Natürlich verschweige ich diesen Gedankengang aber lieber, weil man bei Leuten, die aussehen wie kranke Bernhardiner, nie genau weiß, ob es vielleicht aus der Seele kommt, worauf sie manchmal sehr sonderbar und gewalttätig reagieren. Ludri tut aber nichts dergleichen, sondern bröselt weiter an einem Krapfen, was eine sehr nachdenkliche Stimmung verbreitet. Als er den Krapfen völlig zerbröselt hat, bestellt Ludri sich einen neuen, was ich zwar als Verschwendung ansehe, aber ich denke, es ist ja sein Geld und kostet auch weniger als ein weicher Tennisplatz, den er hartmachen läßt wegen der geschwollenen Knöchel seiner zwanzig Jahre jüngeren Frau. Wie Ludri den zweiten Krapfen bröselt, fängt er auf einmal an, aus den Bröseln kleine Figuren zu kneten und entwickelt sich in dieser Beziehung als ausgesprochener Künstler, weil man einen Mann und Frau leicht erkennen kann, vor allem die Frau, der er vorne ganz gewaltige Klopse hinklebt. Ich denke, er muß schon große Sehnsucht und sehr viel Liebe nach der zwanzig Jahre jüngeren Frau empfinden, wenn er das macht, worauf ich sage, daß härtere Plätze zum Tennisspielen immer noch besser sind als keine Frau.

Wie Ludri da so mit seinen Bröseln knetet, sagt er aber, daß der Tennisplatzbauer jetzt den Platz zu hart macht, weil die geschwollenen Knöchel eher noch schlimmer werden bei der jungen Frau. Außerdem ist sie sehr empört, weil die Bälle jetzt so schnell fliegen wie Schwalben kurz vor dem Regen, und sie kommt mit ihrer Rheumakeule nicht an die Bälle ran, was auf die Dauer zu einer ganz gehörigen Frustration führen kann, wie jeder Tennisspieler weiß. Sie sagt zu Ludri, Du fällst von einem Extrem ins andere und der Himmel mag geben, daß ich nicht so bin, wenn ich einmal so alt wie Du werde. Sie sagt auch noch, daß sie ganz woanders Tennis spielen geht, wenn Ludri nicht dafür sorgt, daß der Tennisplatz am Wochenendhaus wieder ein bißchen weicher wird, aber nicht so weich wie vorher, sondern ein bißchen härter, also mehr mittelhart. Ludri knetet aus den Krapfenbröseln von Krapfen-Emil unterdessen eine männliche Figur, die ich unschwer als Ludri identifiziere, und stellt sie neben die andere, die wirklich außergewöhnlich ausgeprägte Möpse hat, woraus ich auf die herausragenden Charaktereigenschaften der zwanzig Jahre jüngeren Frau schließe.

Nun bin ich aber doch gespannt, wie sich der Umbau des Tennisplatzes neben dem Wochenendhaus weiter entwickelt und in diesem Zusammenhang auch die geschwollenen Knöchel der Frau, worauf ich Ludri frage, ob er eventuell noch einen Krapfen zerbröseln will. Aber Ludri sagt, er hat keinen Appetit, so daß ich ein wenig direkter werde und mich nebenbei nach den Einkommensverhältnissen eines Tennisplatzbauers ganz allgemein erkundige. Ludri meint, daß so einer ganz gut zurechtkommt, weil auf einmal alle Welt neben das Wochenendhaus einen Tennisplatz haben will, der entweder zu hart oder zu weich ist, was dann wiederum zu verschiedenen Umbauten führt. Auf diese Weise hast du immer eine Baustelle neben Deinem Wochenendhaus sowie einige Tennisplatzbaustellenarbeiter, sagt Ludri, und diese Arbeiter werden von der Frau beaufsichtigt, weil Du ja selbst während der Woche zu tun hast mit dem Gebrauchtwagenhandel. Ich sage, das ist aber eine schöne Arbeitsteilung, vor allem, wenn der Tennisplatz dann nach dem dritten Umbau die richtige Härte bekommt, die auch nicht zu weich sein darf, damit die Bälle genau das richtige Tempo für den Schläger der Frau Gemahlin bekommen. Denn irgendwann ist sie ja wohl zufrieden mit dem Tennisplatz neben dem Wochenendhaus. In diesem Moment kriegt der Ludrig Simir aber wohl einen innerlichen Wutanfall und knetet die beiden Figuren aus den Krapfen von Krapfen-Emil zusammen in einen Klump, der die entfernte Form von einem Tennisball annimmt, nur ohne Filz außenrum – dann sagt er, sie hat sich scheiden lassen und lebt nun mit einem der Tennisplatzbaustellenarbeiter zusammen in dem Wochenendhaus, welches Ludrig ihr in einem Anfall wilder Begierde zu Weihnachten schenkt, weil sie zwanzig Jahre jünger ist. Da bin ich aber platt und sage, Undank ist der Welten Lohn und da spielen die beiden womöglich jetzt jeden Tag Tennis mit dem schönen Blick auf die Berge, was in der Tat eine gewaltige Sauerei ist. Aber Ludri schüttelt auf meine innere Anteilnahme hin nur den Kopf wie der kranke Bernhardiner, obgleich der Bernhardiner, den ich einst in den Ferien zu Pflege habe, nie den Kopf schüttelt – aber Ludri tut dieses und sagt, das ist ja nicht das Schlimmste, weil der Tennisplatzbauarbeiter und die zwanzig Jahre jüngere Frau nichts eiligeres zu tun haben und den Tennisplatz umgraben, worauf sie Tomaten, Radieschen, Kartoffeln, Gurken und sogar Mohrrüben anbauen, wo sie doch ganz genau weiß, daß ich zeitlebens keine Mohrrüben mag, was auf ein Kindheitstrauma zurückzuführen ist. Ludri sagt, wie sie ihn damit persönlich tief ins Herz trifft und wie er versucht, aufs Eiligste eine neue Frau zu finden, damit sie ebenfalls ins Herz getroffen wird.

Daraufhin verabschiede ich mich nach einiger Zeit und lasse Ludrig Simir sitzen, weil er sich einen weiteren Krapfen bei Krapfen-Emil bestellt und gleich anfängt, denselben zu zerbröseln. Im Weggehen denke ich, Ludri wird sich schwer tun mit der neuen Frau, weil heutzutage kaum noch etwas Ordentliches auf dem Markt ist, was man kriegen kann, ohne ein Wochenendhaus mit Tennisplatz nebendran.

Das Sportive am Angeln
oder
Ein Wobbler
ist kein Hochsprung-Stil

Die Auseinandersetzungen darüber, ob das Angeln zu den wirklich harten Sportarten zu zählen ist, nehmen in der Öffentlichkeit einen außerordentlich breiten Raum ein. Das Hauptargument derjenigen, die das Angeln als Sportart ablehnen, liegt keineswegs in der Geruhsamkeit der Angeltätigkeit, sondern in der Nützlichkeit: Wer eine ordentliche Portion Barsche zum Abendessen fängt, betreibt keinen Sport, sondern trägt direkt zur Ernährung bei – Sport aber muß zweckfrei sein, sonst ist es kein Sport. Als Beispiel werden immer die Speerwerfer angeführt: Wenn einer im Busch mit dem Speer auf die Jagd geht, ist das kein Sport, selbst wenn er das Gerät hundert Meter weit schleudert – wenn er aber im Stadion ohne Sinn und Ziel ähnlich weit wirft, gilt das als Weltrekord. Genauso ist das mit dem Flitzbogenschießen. Man kann den Leuten, die dagegen sind, die tollsten Angelgeschichten erzählen – sie wenden sich nach einer Weile gelangweilt ab und erzählen, wie sie in Marbella mit Björn Borg ihren Topspin verbesserten. Dabei muß jeder Mensch essen, aber keiner braucht zum Überleben einen Topspin.

Zur Verdeutlichung des Kampfes um Anerkennung, den die Angler betreiben, lassen sich auch die Trockenangler anführen, die einen Sport betreiben, der sich Casting nennt. Sie werfen die Angel gar auf einer Wiese aus, wobei sie mit dem Blinker in gewisse Kreise treffen müssen, die in einiger Entfernung als Markierung einfach so daliegen. Mit diesem Blödsinn bestreiten sie gar Weltmeisterschaften und sind guter Hoffnung, in das Programm Olympischer Spiele aufgenommen zu werden, weil es eben zweckfrei ist. Wahrscheinlich haben sie sogar alle Chancen dazu, weil alles, was bei Olympischen Spielen geschieht, genauso wenig zur Ernährung beiträgt.

Andere Angel-Ablehner kommen mit den seltsamsten Rechnungen: Wenn Du die Kilozahl gefangener Fische gegen den Zeitaufwand und die Reisekosten in ein Verhältnis setzt, hast Du für jeden Fisch einen Hunderter ausgegeben! Jeder Anglerfreund, der einen Wobbler nicht für einen abartigen Stil des Hochsprungs hält, wendet sich bei solchen Argumentationen ab und sucht sich neue Gesprächspartner – die Leute haben ja keine Ahnung. Dabei müßte logischerweise einer, der nach vierzehn Tagen überhaupt nichts gefangen hat, wiederum als Sportler angesehen werden: Weil er ja nicht zur Ernährung beitrug.

Zugeben muß man allerdings, daß selbst unter den richtigen Anglern einige Fronten vorhanden sind, die sich nicht so einfach aus der Welt schaffen lassen. Da sind auf der einen Seite jene Angler, die sich der Würmer oder Köderfische bedienen; als Verwandte sind diejenigen zu betrachten, die einen Hang zu Käse, Kartoffeln, Brot oder Leberwurst besitzen. Ihnen entgegen stehen wieder andere, die die künstliche Fliege oder die verschiedenen Arten des Blinkers bevorzugen, was allgemein als sportlicher angesehen wird. Gegen das Angeln mit Würmern sprechen außer der Sportlichkeit noch zwei Dinge: Erstens ist es sehr schwer, in einem fremden Land Würmer zu bekommen, und zweitens ist das Aufspießen eine Sauerei und deshalb ist mir der Blinker lieber.

Nach dieser umfangreichen Einleitung, die die grundsätzlichen Auseinandersetzungen des Angelns zum Inhalt haben, kommen wir unter Hintanstellung der Schwierigkeiten, die sich beim Erwerb eines Fischereischeines ergeben (nur die Pilotenprüfung für Hubschrauber ist schwieriger), direkt an ein europäisches Gewässer, wo man keinen Fischereischein benötigt. Dafür gibt es keinen dort, der nicht schon den gewaltigsten Hecht gefangen hat – meistens im vergangenen Jahr, oder wenigstens vorige Woche. Das Sportliche am Fangen eines Hechtes ist darin zu sehen, daß man ungefähr eine halbe Stunde rechnen muß, bis das Ungeheuer sich endlich ergibt und japsend an Deck liegt; anschließend muß man den Hecht wiegen und sich damit fotografieren lassen, weil es sonst doch keiner glaubt zu Hause. Einen Anfänger erkennt man daran, daß er den Hecht danach in den Kühlschrank legt – ein routinierter Angler legt ihn abends beiläufig an Deck und wartet, bis zufällig einer vorbei kommt und ganz nebenbei sagt: ‚Einen netten Hecht haben Sie da – aber Sie hätten einmal den Kerl sehen sollen, den ich vor ein paar Tagen. . .‘ Auf diese Art und Weise trägt der Angelsport weit mehr zur Kommunikation in unserer vereinsamten Welt bei, als etwa der Hundertmeterlauf, wo nachher jeder so kaputt ist, daß sie gar nicht mehr reden können.

Etwas frustrierend ist es nur, wenn man selbst immer nur Barsche gefangen hat, die zwar weniger Gräten besitzen und genauso gut schmecken, aber im sportlichen Wert weit unter Hechten liegen – selbst ein Eimer voller Barsche ist weniger wert als ein ordentlicher Hecht. Über Hechte werden wiederum Lachse und Forellen eingestuft, aber die haben meistens keine Saison.

Der gespannte Leser wird nun erfahren wollen, wo denn nun die sportliche Tätigkeit des Anglers liegt. Hier ist es so, daß man beim Angeln von Hechten oder Barschen (die Handhabung unterscheidet sich überhaupt nicht) in einer Stunde ungefähr fünfzigmal den Blinker möglichst weit auswirft, um ihn anschließend durch die Betätigung einer handlichen Kurbel wieder einzuholen. Wenn man das nicht tut, liegt der Blinker auf dem Boden des Sees oder des Flusses wie ein Stück Blech und kein Fisch nimmt Notiz davon — wenn man aber kurbelt, sieht der Blinker angeblich wie ein kleiner Fisch aus und wird gefressen, was ein schönes Erfolgsgefühl ist, aber nicht unbedingt für die Intelligenz unter den Meeresbewohnern spricht. Daß die Blinker-Industrie so floriert, ergibt sich aus der Tatsache, daß dort, wo Fische sind, auch Schilf und Sträucher am Ufer wachsen; es ist anzunehmen, daß an beschilften und bestrauchten Ufern dieser Welt Hunderttausende von Blinkern hängen, die mit schönem Schwung dort hingeschleudert wurden und nach vergeblichen Versuchen noch viele Millionen Meter Angelschnur abgerissen mit sich nahmen. Diese Werte gehen sicherlich in die Milliarden.

Der schwungvolle Wurf mittels der langen Rute, der oft auch sehr elegant wirkt, und das anschließende Kurbeln führen zur Bildung von speziellen Muskeln — eine Tatsache, die man durchaus als Beweis für die Sportlichkeit des Angelns ansehen kann. Der weitaus stärkere Beweis ergab sich aber, als der Schmerz im Ellenbogen nicht nachließ und ich mich gezwungen sah, einen Arzt aufzusuchen. Dieser Fachmann attestierte mir die typischen Symptome eines Tennisarms, für dessen Behebung ungefähr tausend Mittel auf dem Markt sind, von denen keines wirklich hilft. Ich protestierte heftig und erreichte, daß mir der Arzt einen Angelarm bescheinigte.

Mit diesem amtlichen Schreiben werde ich nun beweisen, daß Angeln zu den harten Sportarten zu zählen ist.

Für jeden einen Feldherrnhügel
oder
Wie man ein Stadion besser nutzt

Viele Leute neigen zu der Ansicht, daß das muntere Treiben auf den Tribünen der Fußballstadien heutzutage auf die Verrohung der Sitten, die wirtschaftliche Situation oder das Wetter zurückzuführen sind, welches in der Tat oft der Grund zu Aggressionen ist. Auch ich vermochte mich dieses Eindrucks nicht zu erwehren, als ich während des Besuchs eines Fußballspiels zu wenig auf die soziale Zusammensetzung meiner Nachbarschaft achtete und offensichtlich an falscher Stelle jubelte – ein verhängnisvoller Fehler, der mir sofort den körperlichen Kontakt mit mehreren Mitmenschen sowie eine vierzehntägige Rekonvaleszenz einbrachte. Aber kaum erholt, leistete ich mir erneut das Vergnügen am Samstagnachmittag, wobei ich mich der sicherlich richtigen Meinung hingab, daß auf den teuren Plätzen die Meinungsverschiedenheiten weniger folgenreich vor sich gehen.

So kam ich neben einen gutsituierten Herrn zu sitzen, der – als ich mich vorgestellt hatte – sich als Herr Sanftleben zu erkennen gab. Wir plauderten ein wenig über den Erholungswert der bevorstehenden knapp zwei Stunden, wobei ich vorsichtigerweise zu verstehen gab, daß ich lediglich der frischen Luft wegen hergekommen sei und den Unterhaltungsgehalt eines Fußballspiels weit höher einschätze als den Sieg, für wen er auch immer ausfalle. Herr Sanftleben stimmte mir zu. Als jedoch die Mannschaften nach artiger Verbeugung vor dem Publikum ihr Spiel begannen, zog Herr Sanftleben einen größeren Zeichenblock aus einer mir bis dahin verborgen gebliebenen Aktentasche – er entschuldigte sich mit freundlichem Lächeln und meinte, er müsse nun gewisse Notizen machen. Mit hurtiger Hand stellte er kühne Linien und Bögen zusammen, kritzelte Zahlen und stenografierte Kürzel dazu und benutzte gar Stifte verschiedener Farbe: Ein durchaus künstlerisches Werk, welches mich mehr faszinierte als das eigentliche Spiel, welches im übrigen von beiderseits starken Mittelfeldreihen beherrscht wurde und dementsprechend meistens im Mittelfeld stattfand.

Endlich vermochte ich meine Wißbegierde nicht mehr zu zügeln und fragte Herrn Sanftleben nach seinem Tun. Er zeichnete einen grünen Bogen, der sich mit einem roten Bogen überschnitt, und erklärte, ohne einen Moment seine hübsche Arbeit zu unterbrechen: „Ich erfinde gerade ein neues Spiel, welches die Stadien füllen wird, weil es alles bisher dagewesene weit in den Schatten stellt!" Ich gab ihm zu verstehen, daß er mich neugierig mache, aber selbstverständlich wolle ich nicht in ihn dringen — er beschwichtigte mich mit beruhigender Gebärde: „Aber das ist doch kein Geheimnis! Bei meinem Spiel handelt es sich um Auseinandersetzungen zwischen größeren Menschenmengen, so wie wir es von den Schlachten unserer Vorfahren her kennen. Man könnte es auch als eine Art Minikrieg bezeichnen, aber ich mag diesen Ausdruck nicht besonders, weil er der Grundidee gegenüber zu verharmlosend wirkt!"

Ich sagte: „Bitte?"

Herr Sanftleben begann eine neue Skizze und erklärte: „Schauen Sie her — hier in der Ostkurve stehen die Anhänger der roten Mannschaft, dort in der Westkurve die der grünen. Es ist nun entsetzlich schwer für beide Bevölkerungsgruppen, in ihrer Feindschaft aufeinanderzutreffen. Aus diesem Grunde sind sie gezwungen, ihre gegenseitigen Aggressionen auf Bahnhöfen, größeren Plätzen und Straßen auszutragen, wo der Unterhaltungswert auf Grund miserabler Überschaubarkeit völlig verloren geht. Deshalb ist es unserer Meinung nach unbedingt erforderlich, diese wunderbaren Massenraufereien in ein übersichtliches Stadion zu verlegen. Auf der einen Seite bieten wir dem zahlenden Publikum eine offene Feldschlacht — auf der anderen kann natürlich jeder mitmachen, es sind Je-Ka-Mi-Gefechte. Eine Wortschöpfung, die ich aus der Talentsuche im Showgeschäft übernommen habe — jeder kann mitmachen!"

Ich sagte: „Ja aber..."

Herr Sanftleben wies mit unendlich gütiger Gebärde auf das vor uns stattfindende Spiel: „Was geschieht dort schon? Richtig — nichts geschieht, was den geringsten Anforderungen des brutalen Entertainments gerecht würde. Wenn wirklich einer mal ein bißchen zutritt, schickt man ihn vom Platz — und die zwei oder drei Tore in eineinhalb Stunden sind kaum der Rede wert! Mein Plan dagegen verspricht Aktionen, deren zeitliche Begrenzung lediglich vom Fahrplan der Bundesbahn vorgegeben wird — irgendwann am Abend fährt die Gast-Armee eben wieder nach Hause!"

Ich begann, den Gedankengang von Herrn Sanftleben zu verstehen — ja, ich begann sogar, ihn sympathisch zu finden. Und Herr Sanftleben schien Gefallen an meinem Interesse zu finden: „Selbstverständlich verteilen wir Merkblätter mit den Grundbegriffen der Strategie — sozusagen den kleinen Ludendorff für jedermann. Es muß Anleitungen für den taktischen Nahkampf geben, die Einkesselung des Gegners genauso wie den Ausbruch aus dem Kessel. Man wird nicht umhin können. an den Kiosken rund um

das Stadion außer heißen Würstchen auch Fahrradketten, Schlagstöcke, Gaspistolen und Feuerwerkskörper zu verkaufen, womit auch der wirtschaftliche Faktor berücksichtigt ist. Es gilt doch als längst bewiesene These, daß nichts die Wirtschaft so ankurbelt wie Vernichtung!"

Ich sagte: „Sie meinen..."

Herr Sanftleben nickte kräftig: „Aber kriegerische Vernichtung im Atomzeitalter besitzt bekanntlich nur einen sehr geringen Unterhaltungswert, weil die Freude am Zuschauen dabei stark beeinträchtigt wird. Das war früher einfach besser — was ist denn schon faszinierender als der Blick von einem Feldherrnhügel auf die tobende Schlacht. Die Armeeführer vergangener Jahrhunderte haben ihre Auseinandersetzungen immer nur dort durchgeführt, wo sich auch ein Hügel befand. Beziehungsweise zwei Hügel, denn der Gegner benötigte ja ebenfalls einen. Deswegen sind Fußballstadien mit den Tribünen rundherum ein geradezu idealer Schauplatz — jeder ist sein eigener Feldherr! Ich bin davon überzeugt, daß man die Völkerschlacht bei Leipzig in einem Stadion ausgetragen hätte, wenn man damals schon ein Stadion gehabt hätte. Es ist alles nur eine Sache der Organisation!" Während Herr Sanftleben noch sprach, zeichnete er mit kühnem Schwung einen Entlastungsangriff des Westkurven-Heeres über die linke Aschenbahn bis zur Eckfahne, der die gesamte Flanke der Ostkurven-Armee aufriß.

Mir lag noch eine Frage auf der Zunge und ich begann: „Entschuldigen Sie...!"

Herr Sanftleben legte mir beschwichtigend seine Hand auf den Arm: „Ich weiß, was Sie bedrückt — natürlich nehmen wir vom Einsatz von Schußwaffen Abstand, aber nur wegen der Zuschauer, die durch unsachgemäße Handhabung in Mitleidenschaft gezogen werden könnten. Wenn sich das Ganze aber erst einmal eingelaufen hat, könnte ich mir durchaus vorstellen, daß wir auch diesem Zweig der Industrie eine Chance einräumen!"

Ich sagte: „Ich wollte eigentlich fragen, was denn der Fußballverband von diesen Plänen hält!" Herrn Sanftleben lächelte so, wie man lächelt, wenn die kleinen Kinder einem dumme Fragen stellen: „Aber ich bitte Sie — wir zahlen dem Verband für die Benutzung der Terminliste eine Lizenzgebühr in Millionenhöhe!"

Ich sagte: „Und was geschieht mit den Fußballspielen?" Herr Sanftleben behielt das gleiche vergebende Lächeln bei: „Die sind doch völlig unwichtig — man könnte sie auf Nebenplätzen stattfinden lassen und den jeweiligen Zwischenstand zur Erhöhung des Adrenalinspiegels den Kämpfenden über Lautsprecher und Schrifttafeln ins Stadion übertragen. Und wenn es tatsächlich unverbesserliche Menschen von gestern geben sollte, die sich das anschauen wollen, können sie ja dorthin gehen — für diese paar Leute ist da ausreichend Platz vorhanden!"

Unterdessen war das Spiel vor uns mit einem torlosen Unentschieden zu Ende gegangen, was auf Grund der beiderseits starken Mittelfeldreihen auch kein Wunder schien. Herr Sanftleben packte seine Zeichnungen sorgfältig in die Aktentasche und verabschiedete sich herzlich. Ich sagte: „Es war nett, mit Ihnen zu plaudern!" Er nickte gütig lächelnd und ging, wobei er einen Blick auf eine Gruppe junger Herren warf, deren körpernahe Kontaktaufnahme in der Tat interessanter war als das ganze vorangegangene Spiel — ich möchte Herrn Sanftlebens Blick als mitleidig bezeichnen. Nachdem ich ihn aus den Augen verloren hatte, roch es streng nach Schwefel, aber das rührte wohl von einer alten Silvesterrakete her, die aus der Ostkurve bis unter seinen Sitz geflogen war und dort still verpuffte.

Der Wettkampf im Rosenbeet
oder
Warum Rasenmähen
ein Sport ist

Es vergeht kein Tag, da die Zeitungen, das Radio und das Fernsehen nicht über die wichtigsten Wettkämpfe berichten. Es gibt Meister im Fußball, im Laufen oder im Schwimmen, mancherorts tragen sie Championate im Tabakschnupfen aus — gar nicht zu reden von jenen Wettbewerben, in denen ermittelt werden soll, wer das hübscheste Mädchen, der beste Sänger und der muskulöseste Mann ist. Wenn man noch die sportlichen Wettkämpfe hinzuzählt, nach denen in der Schule der Klassenbeste in Mathematik ermittelt wird, oder gar den überaus sportlichen Wettstreit, nach denen politische Parteien herauszufinden versuchen, welche denn nun die stärkste ist, kommt man unschwer zu der Überzeugung, daß sich das Leben von der Wiege bis zur Bahre als außerordentlich sportive Angelegenheit darstellt.

Deswegen muß man sich wundern, daß es einen weit verbreiteten Wettkampf gibt, der an Härte, Hinterlist, Geduld, Tricks, Körperkraft, Geschicklichkeit und asketischer Lebenseinstellung von nichts anderem übertroffen wird, ohne zum Sport gezählt zu werden. Die Tätigkeit fördert ohne jeden Zweifel das Muskelwachstum an Armen und Beinen, es stellt allerhöchste Anforderungen an die Bandscheiben, man vermag sich dabei schwer zu verletzen (was seit jeher eine der Grundbedingungen für den Sport ist) und man gerät in den Zustand stärkster Transpiration. Die Rede ist von der jährlich wiederkehrenden Olympiade der Kleingärtner, bei der die weite Öffentlichkeit nur das Resultat wahrnimmt, nicht aber den Wettkampf. Das wäre geradeso, als würde man bei den richtigen Olympischen Spielen immer nur zur Siegerehrung kommen.

Jedes Haus, hinter dem sich ein paar Quadratmeter unbebauten Bodens befinden, jeder Balkon, der die Aufhängung eines Geranienkastens erlaubt, jedes Fenster, in dem sich ein Blumentopf aufstellen läßt, wird hier zum Stadion: Schaut her, ich kann's. Man kann den Wettbewerb mit dem Eiskunstlaufen, dem Kunstturnen oder dem Dressurreiten vergleichen, wobei Spaziergänger am Sonntagnachmittag genauso zu den Punktrichtern zu

zählen sind wie alle Nachbarn in der Straße. Es heißt, es gibt hier keine K.o.-Siege, aber da bin ich mir nicht so sicher.

An einem wunderschönen Sommermorgen, der einen ebenso wunderschönen Sommerabend verspricht, erklärt beispielsweise die Frau des Hauses nach einem kritischen Blick, daß der Rasen gemäht werden muß. Der Herr des Hauses, der gerade in der Zeitung über die wichtigsten Sportentscheidungen Informationen sammelt, sagt daraufhin etwas abwesend, daß der Rasen nicht gemäht werden muß, weil das ja erst vor drei Wochen geschehen ist. Die Frau des Hauses meint aber, daß die Maiers links und die Hubers rechts ihren Rasen ebenfalls gemäht haben, womit sie völlig bewußt schon den wettbewerbsartigen Charakter des Rasenmähens unterstreicht. Es geht weiter – sie: „Vor lauter Gänseblümchen und Klee kann man bei uns schon keinen Rasen mehr sehen!" Er: „Ich finde Gänseblümchen und Klee sehr schön, außerdem ist das gut für die Bienen!" Sie: „Was kümmern mich die Bienen?!" Er: „Was kümmern mich Hubers und Maiers?!" Um den Disput etwas abzukürzen, kann man davon ausgehen, daß der Herr des Hauses eine Stunde später im Garten steht und Rasen mäht.

Während dieser Tätigkeit erkennt er aus aufmerksamen Augenwinkeln, wie der Huber mittels eines kleinen Schäufelchens den Boden zwischen den Rosen auflockert, nachdem er aus einer geheimnisvollen Tüte ein Pulver verstreut hat. Der Maier auf der anderen Seite indessen streut in ein sorgsam präpariertes Beet irgendeinen Samen; auch er verbirgt die Aufschrift der Tüte, damit nicht etwa einer auf die Idee käme, den gleichen Samen in den Boden zu stecken. Der Herr, der den Rasen inzwischen gemäht hat, wird nun von sportlichem Ehrgeiz gepackt: Er geht in die Garage, holt ebenfalls ein Schäufelchen und einen Eimer und wirft sich mit Todesverachtung in die Rosen. Sofort bohrt sich in jeden Finger ein Dorn, unter den Stechfliegen verbreitet sich die Nachricht im weiten Umkreis in Windeseile – aber Herr Huber und Herr Maier beobachten jetzt mißtrauisch das Tun des zwischen ihnen wohnenden Nachbarn, und zwar mit Blicken, wie man sie bei Boxern beobachten kann: Lauernd.

Der Herr, der vorher den Rasenmäher kunstvoll bediente, tut so, als merke er nichts. Er holt aus dem Sandkasten der Kinder einige Lehmbrocken und bringt diese – tapfer seine Schmerzen verbeißend – unter die Erde des Rosenbeets. Herr Huber ist der erste, der sich nicht mehr beherrschen kann, womit er eine eherne Regel des Gartensports durchbricht: „Was streuen Sie denn da unter die Rosen!" Der andere gibt sich betont gelangweilt und meint, es sei ein wenig Lehm, weil das die schönen glänzenden Rosenblätter gibt – ein altes Hausrezept. Herr Maier mischt sich ein: „Das müssen Sie im Herbst machen!" Herr Huber: „Das bringt überhaupt nichts – Sie müssen spritzen!"

Nach einer Weile gehen die beiden wieder an die Arbeit im eigenen Sportfeld, was sofort die Frau des Hauses herbeitreibt, die flüsternd fragt: „Glaubst Du wirklich, daß das was bringt, wenn man Lehm unter die Rosen bringt?" Der Herr des Hauses flüstert genauso leise zurück: „Ich habe keine Ahnung. Aber jetzt haben wir die beiden anderen völlig verunsichert!" In der Tat sieht man Herrn Huber nach einem Viertelstündchen, wie er sein Fahrrad nimmt, einen Eimer auf den Gepäckträger schnallt, ein kleines Schäufelchen hineinwirft und davonfährt. Dann kommt er wieder und macht sich an seinen Rosen zu schaffen — obgleich er den Rücken herkehrt, damit man nicht sieht, was er macht, ist deutlich zu erkennen, wie er Lehm unter die Erde mischt. Der Maier auf der anderen Seite hat das Geschehen ebenfalls mißtrauisch verfolgt. Er holt sein Fahrrad, packt den Eimer auf den Gepäckträger, und so weiter.

Der Herr des Hauses besitzt unterdessen keinen einzigen Fingernagel mehr, sein Rücken ist voller Quaddeln von den Stechfliegen, am Knöchel ist er einer Brennessel zum Opfer gefallen und außerdem knallt die Sonne, daß es nur so brummt. Am Abend stehen die drei Herren dann am Gartenzaun, der eigentlich ein Stadionzaun ist, und reden über die schöne Gartenarbeit und was das doch für ein gesunder Ausgleichssport sei. In den folgenden Wochen beobachten sie dann argwöhnisch gegenseitig ihre Rosenbeete. Es ist ein Jammer, daß viel zu wenig über diese sportlichen Wettkämpfe in den Zeitungen, im Radio und im Fernsehen berichtet wird.

Wenn man etwas zu sagen hat
oder
Der Schweiß der olympischen Rede

Man muß es als ein Zeichen ekelerregender Ignoranz ansehen, wenn im Sport immer wieder nur von den Leistungen der Sportler gesprochen wird, aber kaum jemals jener Schweiß erwähnt wird, den Vorsitzende und Präsidenten, zweite Vorsitzende und Vizepräsidenten, Schatzmeister und Beisitzer, Rechnungsprüfer und Sekretäre, Vergnügungswarte und Sportbevollmächtigte nur aus dem Grunde vergießen, damit der Sport überhaupt funktioniert. Selbst in der Literatur ist dieses Phänomen sichtbar : Während da ganze Bibliotheken voller Bücher vorhanden sind, nach denen man das Tennisspiel, das Florettfechten, das Bogenschießen oder das Schwimmen erlernen kann, gibt es nichts Lesbares, woraus ein gutwilliger Mensch seine Lehren zum Erlernen des Sportfunktionärs ziehen kann. Es muß beispielsweise als ausgesprochener Mangel angesehen werden, wenn nirgendwo eine entsprechende Anleitung über das Halten einer Rede vorhanden ist.

Dabei entspricht der Vortrag einer Rede bei einem Funktionär in etwa der Leistung, die ein Athlet im Felde des olympischen Wettstreits zu erbringen hat − selbst der Kräfteverbrauch ist nahezu der gleiche. Ein Rede-Training vor dem heimischen Schlafzimmerspiegel nebst entsprechender Gestik ist mit Sicherheit genauso wichtig für den Fortbestand der Leibesübungen wie die Trainingseinheiten eines mittleren Langstreckenläufers oder eines Gewichthebers.

Während der Sportler allerdings die Möglichkeit besitzt, eine schwächere Leistung bei anderer Gelegenheit durch eine bessere wieder auszugleichen, kann eine schwache Rede den Funktionär den Stuhl kosten, dessen Wiedererringung kaum gelingt. Nirgendwo hat das eiserne Wort ‚they never come back‘ so viel Berechtigung wie beim Sport der Funktionäre. Viele von ihnen lassen sich deshalb ihre Reden von begabten Menschen schreiben, die seltsamerweise nicht Funktionär werden wollen. Begabte Menschen allerdings sind rar. So kommt es, daß diese begabten Menschen für mehrere Redner die Reden schreiben : Es soll schon vorgekommen sein, daß ein sehr begabter

Redenschreiber einmal alleine die Reden für einen ganzen Kongreß nebst Zwischenrufen geschrieben hat, was zumindest für erheblichen Fleiß sprach.

Selbstverständlich nehmen die begabten Redenschreiber ein gewisses Entgelt für ihre Tätigkeit, was wiederum dazu führt, daß sparsame Redner seit vielen Jahren die gleiche Rede bei den verschiedensten Gelegenheiten halten. Dagegen ist überhaupt nichts zu sagen – es sei denn, es hat sich zufällig einmal die gleiche Zuhörerschaft eingefunden. Das kommt aber nur sehr selten vor, da professionelle Zuhörer, wie zum Beispiel Zeitungsschreiber, schon beim Studium der Rednerliste wissen, was da geredet wird, und sich das entsprechende Material aus dem Archiv kommen lassen.

Alle diese Erkenntnisse sind den Rednern seit längerer Zeit bekannt, aber es gibt keine vernünftige Anleitung für Sportredner, und selbst hartnäckige Buchproduzenten haben dieser Marktlücke bisher auch nicht das geringste Augenmerk geschenkt. Und das, obgleich jeder gebildete Mensch weiß, daß sie im alten Griechenland für rhetorische Meisterleistungen sogar den olympischen Lorbeer vergaben, während eine Disziplin wie das Radfahren erst viel später in das Programm der Olympischen Spiele kam. Vielleicht gibt es heutzutage keine Rede-Goldmedaillen nur aus dem Grund, weil es keine Rede-Lehrbücher gibt, vom Amateurstatus ganz zu schweigen.

Dabei ist es wirklich nicht so schwer, einen Rede-Leitfaden für Sportfunktionäre wenigstens in Stichworten aufzuschreiben. Einer, der eine Rede über Sport hält, muß immer auf die große Tradition hinweisen, die aber natürlich jung geblieben ist – das ist ein ausgemachter Blödsinn, aber bei entsprechendem Publikum bekommt man davon einen gedämpften Zwischenapplaus. Dann muß man irgendetwas fordern, wovon man weiß, daß es in absehbarer Zeit sowieso eintritt – etwa die Neuformulierung der Amateurregel; dann kann man später sagen, daß man schon immer dafür war, was oft bereits als Initiative ausgelegt wird. Ein absolutes Muß ist das Verlangen an die Regierung, den Sport finanziell zu unterstützen, schon allein wegen der Volksgesundheit – allerdings muß man hier gleich anfügen, daß die Verwendung der zur Verfügung gestellten Mittel die Regierung überhaupt nichts angeht, weil man eigenständig ist. Beifallsträchtig ist ein bißchen Schimpfe aufs Fernsehen, weil sie zu wenig für die Übertragungen zahlen oder zu wenig bringen. Was Weltmeisterschaften und Olympische Spiele anbetrifft, so muß man sagen, daß alle Bemühungen auf die bevorstehenden Weltmeisterschaften und Olympischen Spiele zu spät kommen – gleichzeitig ist aber darauf hinzuweisen, daß man für die übernächsten Weltmeisterschaften und Olympischen Spiele sehr viele junge Talente besitzt; derartiges sichert langfristige Unterstützung.

Wenn man auf die Organisation von Weltmeisterschaften und Olympischen

Spielen schimpfen will, dann immer nur auf die zurückliegenden: Anfänger beleidigen auf diese Weise oft bevorstehende Veranstaltungen und werden dann logischerweise nicht als Kampfrichter oder internationaler Beobachter eingeladen, was rein erlebnismäßig als Einbuße zu bezeichnen ist. Schließlich ist unbedingt auf die Bedeutung gerade dieser Rede zu dieser Stunde in diesem unseren Lande hinzuweisen, wobei ein Hinweis in aller Bescheidenheit auf die eigene Person nicht schlecht ist. Man schließt am besten mit einem Zitat, was nicht nur Belesenheit beweist, sondern von Goethe bis Sokrates auch immer passend ist. Im letzten Satz müssen die Verben ‚hoffen‘, ‚wünschen‘ und ‚möge‘ vorkommen.

Wenn man sich daran hält, kann eigentlich nichts schief gehen. Der wohlvorbereitete Redner eignet sich dazu noch eine eindrucksvolle Gestik und Mimik an, die vom Augen-Rollen über das Faust-aufs-Podest-Hauen bis zum mahnenden Zeigefinger reicht. Selbst begnadete Redner üben das immer wieder vor dem Toilettenspiegel. Angebracht ist ebenfalls ein wenig Dogmatik im ersten Semester, bei der die Betonung entscheidender ist als das, was man sagt. Wenn es gelingt, vor einer privaten Zuhörerschaft ein Rede-Training durchzuführen, bei dem man etwa den Vortrag eines x-beliebigen Wetterberichts flüsternd beginnt und dann langsam anschwellend bis zur brüllenden Bekanntgabe des Luftdrucks steigert, kann man des frenetischen Jubels sicher sein und wird sicher bald zum Präsidenten gleichgesinnter Sportanhänger gewählt.

Wenn man anstelle der Rede tatsächlich etwas sagen will, braucht man derartige Hinweise selbstverständlich nicht. Aber das kommt in der Praxis nicht vor.

Wie Sam Kaludri
Platzmeister in W. wurde
oder
Die Entstehung eines
berühmten Tennisturniers

Die Zeitschrift „The Field" veröffentlichte am 9. Juni 1877 folgende Nachricht: „Der All England Croquet and Lawn Tennis Club in Wimbledon richtet ein Tennisturnier für alle Amateurspieler aus, welches am Montag, 9. Juli, und an den folgenden Tagen stattfinden soll. Die Gebühr für jeden Teilnehmer liegt bei 1 Pfund, 1 Shilling. Es sind zwei Preise ausgesetzt — ein goldener für den Gewinner, ein silberner für den Zweiten."

Als Mr. John Walsh an diesem Morgen des 9. Juni 1877 die Redaktionsräume der Zeitschrift ‚The Field' im Hause Nr. 346 einer Straße namens Strand in London betrat, wirkte er ungehalten. Chefredakteur Walsh meinte, einigen Grund zu dieser Mißstimmung zu haben: Zunächst einmal lümmelte sich sein Starreporter Henry Jones, der unter dem Pseudonym ‚Cavendish' einigen Ruhm genoß, am Schreibtisch, als würde er sich in einer Vorstadtkneipe befinden — dann war der Tee lauwarm, der ihm von dem Bürodiener Sam Kaludri serviert wurde — und schließlich war diese völlig idiotische Nachricht im Blatt, von der er den Verfasser nicht wußte. Mr. Walsh sagte: „Würde vielleicht einer der anwesenden Herren die Freundlichkeit besitzen und mir sagen, warum dieser Blödsinn in einem angesehenen Blatt wie im Field stehen muß!"

Jones alias Cavendish näselte: „Da sich außer Sam Kaludri niemand im Raum befindet, nehme ich an, daß Du diese Frage an mich richtest. Ich weiß nicht, von welchem Blödsinn Du sprichst. Ist es der Besuch von Queen Victoria beim Derby? Oder meine fesselnde Abhandlung über das Whist-Turnier in Roehampton, wobei ich Deine Abneigung gegen Kartenspiele aller Art zwar kenne, aber nicht teile!"

Walsh vermochte seinen Zorn nur mühsam zurückzuhalten: „Ich rede hier nicht von der Queen oder Deiner Vorliebe für Spielkarten, sondern von der Nachricht des Tennisturniers in Wimbledon. Jedermann weiß, daß ich zu den Gründungsmitgliedern des All England Croquet and Lawn Tennis Clubs

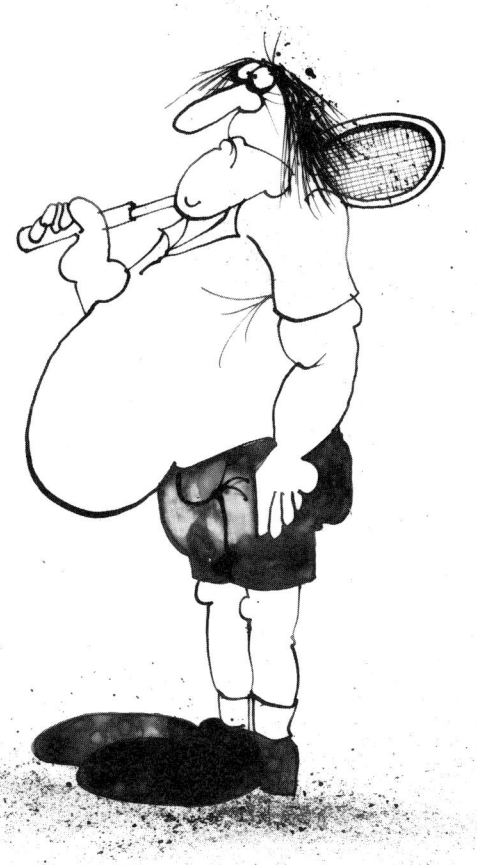

gehöre — man wird dort glauben, ich verfolge die Absicht, die Croquetspieler endgültig aus dem Club zu vertreiben!"

Cavendish alias Jones nahm die Beine vom Tisch und das frische Exemplar von The Field zur Hand: „Ich habe es noch nicht gelesen, aber ich verstehe Deine Aufregung nicht. Wer liest schon so etwas? Außerdem wird sich niemand zur Teilnahme melden, weil das Meldegeld zu hoch liegt — es ist der halbe Wochenlohn unseres guten Sam!"

Der gute Sam Kaludri, von dem man wissen sollte, daß er als Junge mit seinen Eltern aus einem baltischen Staat nach London gekommen war und seither seine Dienste als Redaktions-Faktotum zur außerordentlichen Zufriedenheit der Herren erledigte, versuchte sich unauffällig aus der Tür zu schieben. Als Mr. Walsh ihm bedeutete zu bleiben, stammelte er in immer noch nicht akzentfreiem Englisch, daß er frischen Tee aufzubrühen gedenke. Walsh: „Von wem stammen diese ebenso dämlichen wie schlecht formulierten Zeilen? Ich mache mich im Club unmöglich damit! Irgendjemand muß ja schließlich dafür verantwortlich sein!"

Jones alias Cavendish zuckte die Achseln und meinte, er wolle ein wichtiges Whist-Problem untersuchen und träfe sich zwecks Recherchen mit Heathcote im ‚Weißen Schwan'. Aber Sam Kaludri, in der Bereitung frischen Tees unterbrochen, trat plötzlich vor und erklärte: „Mister Walsh, gestatten Sie mir die Mitteilung, daß ich die Meldung über das Tennisturnier abgefaßt und ins Blatt gesetzt habe!"

John Walsh und Henry Jones starrten Kaludri an, als habe er ihnen soeben eröffnet, zum Kronprinz ernannt geworden zu sein. Jones faßte sich als erster und lachte. Walsh, der die ganze Zeit auf und ab gelaufen war, setzte sich in den nächsten Sessel und stöhnte: „Ich glaube, die Welt geht unter! Jetzt machen die Bürodiener bereits die Zeitung!" Dann besann John Walsh sich seiner Befugnisse und schrie: „Sam — Du bist entlassen, fristlos, pack Deine Sachen und schere Dich zum Teufel! Das hat man davon, wenn man gutmütig genug ist, einen Pollacken aufzunehmen! Ich will Dich nicht mehr sehen!"

Henry Jones alias Cavendish schien seine dringende Untersuchung im ‚Weißen Schwan' vergessen zu haben: „Gemach, gemach! Vielleicht sollten wir uns erst einmal anhören, warum Sam auf die Idee gekommen ist, sich auf diese Weise zu betätigen!" Und zu Kaludri gewandt: „Sage uns, Sam, warum hast Du diese Nachricht in die Zeitung gesetzt? Ausgerechnet Tennis — ein Sport, bei dem man auf unfeine Weise viel Schweiß vergießt. Und ausgerechnet in Wimbledon — ein Ort, der je nun wirklich am Arsch der Welt liegt!" Mister Walsh fuhr auf: „Cavendish, ich muß Dich bitten, eine andere Ausdrucksweise zu benutzen! Außerdem ist Wimbledon neuerdings mit der Eisenbahn in kaum mehr als einer Stunde zu erreichen. Ich bin schon selbst . . ." Aber Cavendish unterbrach ihn respektlos: „Nun blase Dich nicht auf – dort draußen muß man aufpassen, daß die Schweine und Schafe der Bauern nicht nachts die Plätze zertreten. Was nichts daran ändert, daß ich von Sam gerne wissen möchte, was er sich dabei gedacht hat!"

Sam Kaludri drehte am Knopf seiner abgeschabten, aber sauberen Jacke, und als er den Knopf schließlich in der Hand hielt, steckte er ihn schnell in die Tasche – so, als hätte er etwas gestohlen. Cavendish: „Nun rede schon, Sam! Die Sache mit der Kündigung wird sich Mr. Walsh noch einmal überlegen – nur immer frisch heraus damit!"

Kaludri, dem die Sache offensichtlich sehr peinlich war, hub also an, wobei erneut darauf hinzuweisen ist, daß sein Englisch in der Tat eine miserable Mischung von Sprachen war, in der polnische und deutsche Elemente einen aussichtslosen Kampf gegen britische Einflüsse führten: „Ist so", sagte er, „ich kennenlerne Mary, wo ist Tochter von schöner Bauer in Wimbledon gleich neben Club, schöne Schweine, schöne Schafe, vier Kühe. Ist Zufall. Ich besuche Mary nur Sonntag, wenn freie Zeit. Wir liegen in Sonne am Bahndamm, aber anständig, weil Mary ist sehr anständig Mädchen. Und wir sehen Club, wo erwachsene Gentlemen und Ladies mit Hammer kleine Kugeln schlagen – ist blödes Spiel genannt Croquet. Dann ich höre, wie Gentleman reden. Wollen Revolution in Club, wollen kein Croquet, wollen jetzt Tennis, wegen mehr Spaß. Aber Gentleman trauen sich nicht – wie Mister Walsh, wegen Ladies. Gentleman sagen, am besten ein Turnier mit fertige Tatsache, kann keiner mehr dagegen sein. Gentleman sagen auch, brauchen unbedingt Platzmeister, damit Gras immer schön kurz. Ich denken, wenn Mary und ich gleich nebenan wohnen, kann ich Platzmeister sein. Aber zuerst mache ich fertige Tatsache und setze Ankündigung von Turnier in Zeitung. Habe ich eine Frage – was ist Turnier?"

Nach dieser langen Rede von Sam Kaludri herrschte in der Redaktion von The Field in Nr. 346 Strand ein Weilchen absolute Stille, die nur unterbrochen wurde, als Kaludri sich geräuschvoll die Nase putzte. Als Erster ergriff Cavendish alias Jones das Wort – er meinte nachdenklich: „So schlecht finde ich die Idee nun auch wieder nicht!" John Walsh widersprach ihm, wenn auch nicht mehr so heftig: „Ich sehe keinen Sinn darin!" Cavendish: „Wenn wir das Turnier unter der Regie von The Field aufziehen, wäre es eine hübsche Werbung, die unserer Auflage zugute käme!" Walsh überlegte sichtlich: „Aber es gibt viele Diskussionen im Club, vor allem mit den Damen. Außerdem darf es nichts kosten!"

Henry Jones alias Cavendish sagte: „Ich könnte beispielsweise die Turnier-leitung übernehmen und Du mußt als Chef von Field die Pokale stiften." Er nahm wieder das frische Exemplar der Zeitschrift zur Hand und blätterte: „Richtig, hier steht es ja – einen goldenen und einen silbernen Pokal. Ich kann Dir eine Quelle besorgen, wo man solche Dinger preisgünstig bezieht!" Walsh murmelte: „Wie preisgünstig?" Kaludri stand immer noch da — er fragte wieder: „Bitte — was ist Turnier, möchte ich wissen!"

Aber niemand hörte ihm zu. Henry Jones alias Cavendish notierte auf einem Blatt Papier in Stichworten einen glänzenden Aufsatz, in dem er auf die Chancen dieses aufstrebenden Spiels hinweisen wollte, nicht ohne die Zeitschrift The Field zu erwähnen, die sich hier als wahrer Pionier in selbstloser Weise zur Verfügung stellen würde. Er unterbrach seine Tätigkeit nur einmal, als er an Mr. Walsh die Frage stellte, wie man denn eigentlich Tennis schreibt — mit ‚i' oder mit ‚y'. Mr. Walsh selbst rechnete und seufzte verschiedenlich tief auf, wenn er Kosten und eventuelle Auflagensteigerung in ein Verhältnis zu den zu erwartenden Diskussionen mit den Damen des Clubs setzte.

Das Tennisturnier begann übrigens wie gemeldet am 9. Juli 1877, einem Montag. Verschiedene widrige Umstände wie ein Landregen sowie die Cricket-Matches zwischen den Universitäten von Eton und Harrow hatten zur Folge, daß das Turnier erst am 19. Juli, einem Donnerstag, zu Ende ging. Es waren bei diesem Endspiel rund zweihundert Zuschauer zugegen, die mit einem Freiexemplar von The Field ausgestattet wurden, bevor sie den Heimweg antraten. Wie es heißt, sollen achtundzwanzig von ihnen tatsächlich ein Abonnement bestellt haben — ein Erfolg für diese doch recht aufwendige Werbemaßnahme der Zeitung, den sich Mr. Walsh etwas größer vorgestellt hatte.

Die Kündigung für Sam Kaludri wurde aufrecht gehalten, was ihn aber nicht weiter betrübte, da er in Wimbledon die Bauerntochter Mary heiratete und neben der Versorgung der Landwirtschaft auch noch als Platzmeister des Clubs ein zwar kleines, aber regelmäßiges Einkommen bezog. Seine Einstellung als Platzmeister geschah mit einer Gegenstimme des Clubvorstandes. Es war diejenige von Mr. John Walsh.

Wie man wirkliche Freunde erkennt
oder
Wie besorgt man Freikarten?

Alle Welt behauptet, das beste auf der Welt und im Leben sind gute Freunde, auf die man sich immer verlassen kann. An dieser These läßt sich einiges aussetzen, wenn man immer derjenige ist, auf den sich die anderen verlassen. Bei mir ist es beispielsweise so, daß alle Freunde der Meinung sind, ich würde mit den obersten Fußballpräsidenten jeden zweiten Abend speisen und die Nationalspieler würden bei mir ihre tiefsten Nöte offenbaren. Wenn dann ein Spiel stattfindet, von dem in der Zeitung steht, daß es seit drei Monaten bis auf den letzten Platz ausverkauft ist, rufen diese Freunde an und meinen, sie brauchen dringend noch mindestens zwei Karten und es müßte mir doch ein Leichtes sein.

Nun gibt es sicherlich tapfere Männer, die bei einer solchen Anfrage ohne weiteres zugeben, daß sie die Präsidenten, Manager und Spieler nur manchmal auf der Tribüne sehen, ansonsten aber ihre Gesellschaft meiden. Besonders verwegene Burschen sagen ihren Freunden am Telefon auch, daß sie ihnen den Buckel runterrutschen sollen – sie hätten Besseres zu tun, als diesen Typen hinterherzurennen. Um ganz ehrlich zu sein – ich gehöre nicht zu diesen, sondern bin ziemlich feige und sage: „Aber natürlich, lieber Freund – ich bringe Dir die Karten auch gerne selbst vorbei – es ist ja nur ein Katzensprung von knapp vierzig Kilometern!"

Besonders schlimm ist es, wenn Frau K. die Wünsche von Freunden entgegennimmt, deren Namen ich garantiert noch nie im Leben gehört habe. Sie sagt: „Liebling, Herr Semmelhuber hat angerufen und wollte Dich sprechen – er braucht dringend vier Karten für das Tennisturnier, Du weißt schon. Er hat Geschäftsfreunde da und meinte, Du könntest ihm sicherlich helfen!" Da eine Ehegenossin weitaus vertrauter als ein Freund ist, braucht man nicht mehr feige zu sein und kann sagen: „Wer ist Herr Semmelhuber?"

Frau K. läßt sich daraufhin des längeren über das nachlassende Gedächtnis von Herren in den mittleren Jahren im allgemeinen und über mein mangelndes Erinnerungsvermögen im besonderen aus. Dann sagt sie: „Aber

Schätzchen, an Herrn Semmelhuber mußt Du Dich doch unbedingt erinnern – wir standen doch eine Zeitlang mit ihm und seiner Frau zusammen bei der Party nach den Klubmeisterschaften, Ringelmanns waren auch dabei. Du hast nachher noch gesagt, daß Frau Semmelhuber eine ganz besonders reizende Frau ist. Frau Ringelmann hat übrigens auch angerufen – Du hast ihr damals die Karten versprochen!"
Ich sage: „Mauseltaube – ich kenne weder eine Frau Ringelhuber noch einen Herrn Semmelmann, oder wie die heißen. Warum gehen diese Leute nicht hin und kaufen sich die Karten!" Frau K. sagt: „Frau Ringelmann wirst Du aber wohl noch erinnern – wenn ich denke, wie Du später mit der getanzt hast. Sie war immer noch ganz begeistert von Dir!"
Jener gewisse Ton in der Stimme von Frau K. läßt mich aufmerken. Ich sage: „Du weißt ganz genau, daß ich nie tanze, und schon gar nicht mit Frauen wie Frau Ringelmann – es sei denn, ich bin ein wenig betrunken, und das kommt auch nie vor!" Frau K. höhnt: „Hoho, was ich nicht höre! Ich weiß noch ganz genau, wie Du Dich ewig über das Dekolleté von Frau Ringelmann ausgelassen hast. Du hast ihr sogar Deine Telefonnummer gegeben, die im übrigen auch meine Telefonnummer ist!" Ich sage: „Ich sehe zwischen den geschnorrten Karten für das Tennisturnier und dem Dekolleté von Frau Ringelmann keinen unmittelbaren Zusammenhang!"
Allein aus diesem trauten Zwiegespräch ist zu entnehmen, daß Freunde nicht immer dazu beitragen, Harmonie aufkommen zu lassen. Natürlich war die Unterhaltung noch längst nicht zu Ende – derartige Unterhaltungen gehen nie zu Ende.
In den folgenden Tagen entwickelte ich eine emsige Geschäftigkeit, wobei ich alle anderen Arbeiten hintan stellte. Ich rief bei dem Veranstalter des besagten Tennisturniers an, den ich übrigens seit fünf Jahren nicht mehr gesehen habe, und lüge dreist drauflos: „Hallo lieber Freund, wie geht's, wie steht's? Ich höre, Sie machen wieder dieses tolle Tennisturnier – sind Sie schon ausverkauft? Ich habe da ein klitzekleines Problemchen – Sie kennen doch sicher meinen Freund Frank Sinatra, sicherlich haben Sie schon von ihm gehört – also der hat mich vorhin angerufen und meint, er würde gerne einmal vorbeikommen, und er ist ganz wild darauf, zu dem Tennisturnier zu gehen – könnten Sie mir ein paar Karten vorbeischicken?" Der Turnierveranstalter reagiert so wie alle Turnierveranstalter, die wenige Tage vor Beginn der Veranstaltung kurz vor dem Bankrott stehen: „Hier ist der automatische Anrufbeantworter..."
Ich wähle also eine andere Nummer und noch eine und noch eine. Ich lüge das Blaue vom Himmel herunter, weil Gäste wie Frank Sinatra sich ganz einfacher wichtiger anhören als Frau Ringelmann oder Herr Semmelhuber. Aber die entscheidenden Leute sind entweder gerade mal 'raus, oder in

einer wichtigen Besprechung, oder haben Grippe. Zwischendurch ruft Frau Ringelmann an oder Herr Semmelhuber — man klopft mir durch die Leitung auf die Schulter und spendet hohes Lob für eine Geschichte, die ich mit Sicherheit nie geschrieben habe: „Lieber Freund — kein Mensch im Lande hat das so klar erkannt und so geschliffen formuliert wie Sie! Vielleicht können Sie mir die Karten per Eilpost schicken!" Ich bedanke mich sehr artig für die Komplimente und denke, daß Eilpost dreifuffzig extra kostet.
Eines Tages treffe ich tatsächlich durch reinen Zufall den Turnierveranstalter persönlich und erkläre ihm unter vier Augen meine große Not. Er sagt: „Da können wir schon etwas machen — aber wie wäre es, wenn Sie vorher einen Artikel schreiben, in dem Sie auf das Ereignis gebührend hinweisen. Sie wissen ja — eine Hand wäscht die andere!" Ich denke, daß ich die Hände von Ringelmanns und Semmelhubers wasche und gehe am nächsten Tag in eine Vorverkaufsstelle, wo ich für hundertachtzig Mark ganz ordentliche Karten bekomme.
Frau Ringelmann und Herr Semmelhuber haben sich ein paar Wochen später sehr höflich bedankt für die schönen Karten, und es sei gut zu wissen, wo die wirklichen Freunde sitzen, aber sie hätten leider nicht kommen können, weil sie anderweitig verhindert waren. Außerdem sei die Besetzung des Turniers ja auch nicht so berühmt gewesen, aber sie würden gerne wieder einmal auf mich zukommen.

Weltmeisterschaft im „Green Man"
oder
Wo Du Dir das Spontane verkneifen mußt

Vom ‚Green Man' muß einer wissen, daß es wirklich eine ausgezeichnete Kneipe ist, wozu sie in London Pub sagen. Wenn Du von Wimbledon kommst, liegt der ‚Green Man' auf dem Hügel kurz vor Putney Bridge. Wenn es ein schöner Sommerabend ist, sitzen viele draußen auf der Gartenmauer oder auch einfach auf dem Gehweg, was auch den Vorteil besitzt, daß man es näher zum Pissoir hat, welches hinten im Garten ist und bei ungünstiger Windrichtung streng duftet. Der Nachteil ist, daß man immer rein muß in den Pub, wenn man eine neue Runde holt. Da fällst Du erst einmal tot um, weil im ‚Green Man' ein Mief ist vom Bier und den schwitzenden Mitbürgern — so was hast Du noch nie in der Nase gehabt. Diesem Hin und Her zwischen warmer Sommerluft und Mief wollten wir uns nicht aussetzen, weil wir auch gesundheitliche Schäden befürchteten. Wir entschlossen uns, lieber gleich in den Mief zu gehen und dort auch zu bleiben, was nach einer gewissen Akklimatisierung durchaus möglich ist. Außerdem gelingt es sicherlich, nach einer Weile ganz nach vorne an die Theke zu kommen, wo Du leichter an ein Bier kommst, wenn Frank Dich kennt. Frank ist der Wirt.

Zuerst wollten wir England—Deutschland eigentlich am Fernseher in Wimbledon anschauen, weil sie im Presseraum auch einen Apparat stehen haben und die hagere Jenny schon immer weiß, was wir trinken. Aber da hatten die Italiener schon die guten Plätze besetzt und krakelten herum, als hätten sie alle mitgespielt beim Sieg der Italiener über die Argentinier. Wenn Du so etwas einmal gehört hast, weißt Du, daß sie in Italien alle Gehörschäden haben, aber keineswegs darunter leiden, sondern sich freudig erregt anschreien, als würden sie sich gleich ein paar vors Maul hauen. Deswegen sind John und Geoffrey und ich lieber in den ‚Green Man' gegangen, wo ebenfalls ein Fernseher ist. Aber Du kannst davon ausgehen, daß es sich bei dem Publikum um wirkliche Experten handelt, die ein cleanes tackling von einer hinterfotzigen Sauerei auseinanderhalten können. Die Sandwiches im

‚Green Man‘ sind zwar genauso aus Watte und Zadder wie im Presseraum in Wimbledon, aber dafür hat Frank eine neue Kellnerin namens Anne und die ist eine ausgesprochene Cremeschnitte.

Wir wurden vor dem Eingang nur kurz aufgehalten, weil John unbedingt eine intensive Unterhaltung mit einem jungen Paar anstrebte, welches nicht nur einen ausgesprochen häßlichen Hund, sondern auch ein Baby im Kinderwagen sein eigen nannte, welches im übrigen dem Hund kaum nachstand, was die Schönheit anbetrifft. John meinte nämlich zu dem jungen Mann, er würde sicherlich ebenfalls den schönen Namen John tragen, weil alle aufrechten jungen Männer des Landes den Namen John tragen – dann sagte er, der Hund heiße sicherlich ebenfalls John – das gleiche nahm er von der jungen Frau und dem Baby an. Worauf der junge Mann sich in seiner Ehre als Vater, Ehemann und Hundebesitzer ein wenig gekränkt verhielt und John eine Tracht Prügel anbot. Außerdem heißt das Baby Elizabeth, was in der Tat nicht zu erkennen war. John versprach schließlich, der ganzen Familie inklusive dem Hund je ein Bier auszugeben, was die Wogen glättete. Geoffrey, der ein steifes Bein hat, trug das seine zu einer friedlichen Lösung bei, indem er seine Krücke drohend schwang. So kamen wir also endlich hinein in den ‚Green Man‘.

John und Geoffrey machten dem Wirt auch sofort klar, daß sie über ein außergewöhnliches Durstgefühl zu klagen hätten, was der Wirt freundlich zur Kenntnis nahm. Dann meinten die beiden noch, es würde sich bei mir um einen Deutschen handeln, gegen den aber sonst nichts zu sagen ist – Frank, der Wirt, war davon nicht unbedingt begeistert, aber ich könne bleiben, wenn ich mich während des Spiels ruhig verhalte. Ich versprach das natürlich und unterstrich meine gute Erziehung, indem ich die erste Runde übernahm.

Als sie unsere Hymne spielten, hätte ich beinahe mitgesungen, aber dann habe ich mich doch nicht getraut, weil das in diesem Moment im ‚Green Man‘ vielleicht doch nicht das richtige gewesen wäre. Danach spielten sie die Hymne von den Engländern, und es standen alle auf, weil man das immer tut. Einer, der offensichtlich schon längere Zeit dieses Tages im ‚Green Man‘ verbracht hatte und vorne keine Zähne mehr besaß, sang laut mit, daß Gott seine Königin retten möge – weiß der liebe Himmel wovor. Anschließend wollte der Zahnlose auch noch einen elegant formulierten Toast auf den neuen Prinzen ausbringen, aber Geoffrey drohte mit der Krücke und meinte, er solle mit solchem bullshit die Schnauze halten.

Dann ging's auch schon los, und als unser Torwart gleich zu Beginn ein ziemlich hartes Ding gerade noch mit den Fingerspitzen über die Latte lenkte, sagte Geoffrey, daß ich wahrscheinlich keinen besonders glücklichen Abend verleben würde. Ich sagte, was bei uns jeder Bundestrainer seit Jahrzehnten immer sagt, nämlich daß ein Spiel neunzig Minuten dauert und man würde schon sehen. John, der mehr ein Spezialist für Wimbledon ist und weniger vom Fußball versteht, sagte, ich sei ein absoluter Experte. Der ohne Zähne vorne hieb mir die Faust ins Kreuz und lachte, was kein besonders schönes Bild abgab. Frank, der Wirt vom ‚Green Man‘, streckte mir den Mittelfinger entgegen, was auf englisch eine beleidigende Bedeutung hat, die etwa mit motherfucker zu übersetzen ist, aber ich entschloß mich, lieber nicht beleidigt zu sein. Die neue Bedienung Anne entwickelte sich mehr und mehr zu einem Schmuckstück erster Klasse und brachte noch eine Runde.

Kein Mensch kann sagen, daß es eines von den großen Spielen war, aber beim Fußball ist es manchmal wie mit den Mädchen: Beides kannst Du Dir schönsaufen, und der ‚Green Man‘ ist wirklich eine gute Gelegenheit. Das Spiel lief hin und her und immer, wenn einer von den Engländern wieder einen von den Deutschen umgesäbelt hatte, wollte ich wie zu Hause laut ‚foul‘ schreien, aber es ist besser, Du verkneifst Dir manchmal das Spontane. Außerdem standen auf einmal neben uns drei Jungs mit roten und grünen Haaren und über und über tätowiert. Der eine hatte auf dem linken Arm stehen ‚fuck the world‘ und auf dem rechten ‚we're the champions‘, was beides ungefähr das gleiche bedeutet. Die sprachen nichts und guckten nur, ob einer etwas an ihnen auszusetzen hat, so daß ich ganz angestrengt auf den Fernseher schaute, wo immer noch nichts passierte. Geoffrey war wohl der gleichen Meinung. Er hielt die Deutschen für gewaltige Schauspieler, die schon umfallen, wenn Du sie nur anschaust, wo seine Boys doch ein technisch cleanes tackling benutzten. Die vom Fernsehen hatten ein Mikrofon ganz in der Nähe vom deutschen Tor aufgebaut, so daß man manchmal hörte, wie der deutsche Torwart etwas schrie, und zwar auf kölnisch, was in einem Pub wie dem ‚Green Man‘ ein außerordentliches Heimatgefühl zur Folge hat, selbst wenn Du nicht aus Köln bist.

Richtig was los war im ‚Green Man‘ erst, als der deutsche Libero diese linke Sau von Stürmer von den Beinen holte, daß er sich gleich dreimal überschlug und ein Weilchen liegenblieb. Ob sie dem Libero den gelben Karton zeigten, weiß ich nicht, denn sie standen alle auf, so daß ich nichts mehr sah, und brüllten, daß dieser fucking german vom Platz gehört und wahrscheinlich ist der Schiedsrichter bestochen, der aus Brasilien kommt und überhaupt ‚a fucking lame ass‘, was ungefähr das gleiche bedeutet wie bei uns zu Hause. Der ohne Zähne stellte sich vor mich hin und erklärte, daß die Deutschen schon immer einen schmutzigen Fußball gespielt hätten — aber noch bevor ich ihm eine scheuern konnte oder wenigstens sagen, daß der Libero nur aus der spanischen Liga ausgeliehen sei, von der ja jeder Kenner weiß, wie sie da manchmal hacken wie die Teufel — bevor ich also noch was machen konnte, was der Klärung des Tatbestandes dienlich ist, fällt er einfach um, was die Aufmerksamkeit momentan von meiner Person etwas ablenkt. Frank, der Wirt, kam unterdessen hinter seiner Theke hervor, was er eigentlich nur in äußersten Notfällen wie Feuer oder Zechprellerei zu tun pflegt, und stellte den Zahnlosen wieder auf die Beine — das heißt, es ist unwahrscheinlich schwierig einen hinzustellen, dem immer die Beine einknicken, als hätte ihm einer plötzlich die Knochen des Ober- und Unterschenkels weggezaubert. Deshalb nahm Frank zuletzt den Zahnlosen und schleifte ihn raus, wo er ihn an die Straße auf den Randstein hinsetzte, aber in einigem Abstand vom Eingang zum ‚Green Man', damit keiner auf die Idee kommt, er habe etwas mit dem ‚Green Man' zu tun.

Es ist dann eigentlich nichts passiert, außer daß der Blonde mit den roten Bäckchen auf einmal ein Ding an die Latte knallt — mein lieber Scholli, wenn Du da die Finger dazwischen kriegst, trägst Du die Hand ein Vierteljahr im Gips, und ich konnte mir auch einen kleinen Schrei nicht ganz verkneifen. Sonst war es da einen Augenblick ziemlich still im ‚Green Man', dann fanden das alle prima: Einige wenige, weil der Blonde aus München so toll geschossen hatte, und alle anderen, weil der Ball bloß an die Latte und nicht ins Tor geht. John, der ein wenig geschlummert hatte, wachte auf und wollte direkt einen ausgeben, aber das Spiel war schon aus, und um elf macht Frank den ‚Green Man' zu, und die letzte Order hatte John verpennt. Ich war eigentlich ganz froh wegen dem Unentschieden, weil man bei solchen Spielen im ‚Green Man' durch eventuelle Siege nur Unstimmigkeiten hervorruft, während jetzt jeder der Meinung war, daß es ein Scheißspiel war. Geoffrey meinte noch, daß von denen keiner Weltmeister wird. Draußen auf dem Randstein saß immer noch der Zahnlose und erzählte dem Scheinwerfer eines daneben geparkten Wagens, daß nur die Engländer das cleane tackling richtig beherrschen. Als der Scheinwerfer des Autos, welcher sich auf gleicher Höhe wie der Kopf des im Randstein sitzenden Zahnlosen befand, nicht antwortete, übergab sich der Zahnlose still und gründlich. Du mußt aber zugeben, daß er sich nach diesem kleinen Mißgeschick in aller Form bei dem Scheinwerfer entschuldigte.

Männlich ist nur ein Pferdekuß
oder
Zärtlichkeiten beim Fußballspiel

Die schöne Gewohnheit des Küssens erlitt vor zweitausend Jahren im Garten Gethsemane einen gewissen Rückschlag, wie jeder aufrechte Christ weiß. Es läßt sich aber nicht abstreiten, daß die Menschheit seither bemüht war, diesen negativen Eindruck wieder gutzumachen. Zumindest, was das Küssen anbelangt. Zu einem Teil ist ihr das auch gelungen: Allenthalben sieht man Küsse.

Selbstverständlich gibt es hier Unterscheidungen unter den verschiedenen Küssen. Der Kuß, dessen grundsätzliche Bedeutung als Austausch von Zärtlichkeit, Sympathiebezeugung, Dankbarkeit und Freude nach wie vor unbestritten ist, ist unterdessen auch in Gebiete eingedrungen, die als bedenklich anzusehen sind. Wir reden hier noch nicht einmal von sozialistischen Bruderküssen, die vornehmlich auf Flughäfen und vor Fernsehkameras ausgetauscht werden: Wenn Generalsekretäre sozialistischer Bruderparteien sich in manchen Staaten küssend in den Armen liegen, sehen wir darin durchaus die Fortsetzung einer alten Tradition — nämlich jener, die in dem besagten Garten von einem gewissen Herrn Judas Ischariot ins Leben gerufen wurde. Wie die Geschichte weiterging, braucht man bibelfesten Christen — wie gesagt — nicht zu sagen.

Wir reden hier auch keineswegs vom Kußaustausch zwischen Menschen verschiedenen Geschlechts, die sich trotz der Gefahren der bakteriellen Infektion nicht ausrotten läßt — wir halten das für eine Sache der privaten Sphäre, in die wir nicht eindringen möchten. Obgleich wir nicht umhin kommen, auch hier den warnenden Zeigefinger zu heben: Es gibt viele dramatische Ereignisse des täglichen Lebens, die durch einen zunächst harmlosen Kußaustausch eingeleitet wurden.

Was wir hier unbedingt ansprechen wollen, ist der Kuß als solcher und seine Bedeutung für den Sport, wobei wir ganz besonders den Kuß beim Fußball heranziehen wollen. Selbstverständlich müssen wir auch hier unterscheiden. Ein geläufiger Kuß im Fußballspiel ist der sogenannte Pferdekuß, gegen dessen individuelle Ausführung überhaupt nichts zu sagen ist. Der Pferdekuß (Prellung am Oberschenkel, meist durch einen harten Schlag auf denselben verursacht) ist der einzige Kuß, der auch mit Anlauf durchgeführt wird; deshalb kann niemand etwas dagegen haben. Ganz im Gegenteil: Es gibt berühmte Kußballspieler, die als hervorragende Abwehrstrategen des Spiels hohes Ansehen genießen; man sieht immer wieder, wie sie selbst von den Schiedsrichtern durch das Vorzeigen bunter Karten öffentlich belobigt werden.

Die oberste Fußballbehörde hat sich jedoch mit allem Nachdruck gegen jenen anderen Kuß ausgesprochen und das Austauschen von Zärtlichkeiten vor aller Öffentlichkeit zwischen schwitzenden und womöglich unrasierten Herren eine grassierende Unart genannt. Die bei dieser Brandmarkung angewandten Adjektive gehen von ‚unangebracht‘ über ‚übertrieben gefühlsbetont‘ bis ‚unmännlich‘. Die Behörde hat hier in der Tag beispielgebend gehandelt, wobei sie leider nur versäumte, gleich die entsprechenden Strafen anzugeben. Es ist anzunehmen, daß man die Strafbemessung dem Feingefühl der jeweiligen Rechtsprecher überläßt, die dieses selbstverständlich besitzen und auch schon öfter nachgewiesen haben.

Ein Küßchen im Vorüberlaufen (ähnlich jenem, welches zwei kampferprobte Ehepartner morgens am Gartentor austauschen) ist da juristisch sicherlich nicht anders zu sehen, als ein sogenannter ‚Dauerbrenner‘, bei dem sich zwei Männer in wilder Lust auf dem grünen Rasen wälzen. Ein Handkuß, den ein Star mit eleganter Gebärde auf die Tribüne schleudert, muß anderen Kriterien unterliegen, als etwa ein Kuß mit Verletzungsfolge, oder einer, den zwei Männer in aller Heimlichkeit hinter dem Rücken des Schiedsrichters austauschen; hier sind natürlich auch die Linienrichter oder andere offizielle Beobachter zur Wachsamkeit aufgerufen. Wo zeigt man die gelbe Karte und wann die rote? Wie verfolgt man Wiederholungstäter? Was macht man mit der besonders weit verbreiteten Küsserei im Affekt? Ist der Kuß, den ein übertrieben gefühlsbetont reagierender Mann dem Schiedsrichter gibt, als tätlicher Angriff zu werten? Wie ist das, wenn ein kußgieriger Libero gar dem Mittelstürmer der gegnerischen Mannschaft um den Hals fällt und ihn aus Herzenslust abbusselt?

Schon aus der Aufzählung dieses sicherlich längst nicht kompletten Fragenkatalogs ergibt sich eine Problemstellung, die so schnell kaum von der obersten Fußballbehörde zu regeln sein wird, obgleich man zugeben muß, daß die Angelegenheit hier in bewährten Händen ruht. Die oberste Fußballbehörde kann sich hier der Unterstützung vieler Millionen Fans sicher sein, denen diese öffentliche Schmuserei seit jeher ein Dorn im Auge war. Die Fans werden den internationalen Kuß-Experten vor Dankbarkeit die Füße küssen.

Die Dramaturgie
des perfekten Fouls
oder
Othello im Strafraum

Nur wenige Menschen wissen, daß zum Betreuungsstab einer erstklassigen Fußballmannschaft nicht nur Trainer, Ärzte, Masseure und Schuhputzer gehören, sondern auch erfahrene Regisseure und Dramaturgen vom Theater, die sich dadurch ein nicht unerhebliches Zubrot verdienen. Eingeweihte glauben sogar, daß Meisterschaften und Europapokal-Entscheidungen heutzutage eher durch intensive Probearbeit zur Erzielung dramatischer Effekte entschieden werden, als durch perfekte Raumdeckung in Verbindung mit dem Vier-zwei-vier-System.

Ich hatte von dieser Neuerung gerüchteweise gehört, vermochte eine gewisse Überraschung aber trotzdem nicht zu verhehlen, als ich bei der Premierenfeier des Stadttheaters von Sensenheim an der Sense (man gab Schillers Räuber) den aufstrebenden Regisseur Sim Kair traf, dessen Inszenierungen seit einiger Zeit in Sensenheim zu den herausragenden gesellschaftlichen Ereignissen zu zählen sind. Herr Kair, der lediglich aus Gründen der knappen Präzisierung dieses elegante Pseudonym führt, äußerte sich zu späterer Stunde sehr freimütig zu seiner Tätigkeit, die er in der benachbarten Großstadt für den dort ansässigen Fußballclub in dramaturgischer Hinsicht leistet. Offensichtlich bemerkte Sim Kair mein ungläubiges Staunen – er zog mich beiseite und überließ mir ein Manuskript, welches er bei der nächsten taktischen Spielersitzung jenes Clubs referieren wollte.

Es gelang mir, eine Kopie dieses Manuskripts von Sim Kair zu erhalten, welches ich hier nahezu ungekürzt wiedergebe:

„Zwei strenge Prinzipien des Spiels auf Bühne und Rasen sind Triumph und Tod. Den Triumph können wir bei unseren Betrachtungen vergessen, da er lediglich als emotionale Folge des Todes zu betrachten ist. Einfacher gesagt: Wenn einer schön stirbt, folgt der Triumph des Überlebenden von ganz alleine. Hier allerdings ergibt sich der entscheidende Unterschied zwischen Theater und Fußball: Auf der Bühne triumphieren immer die Mörder, während es auf dem Fußballplatz die Ermordeten sind. Die logische Folgerung aus dieser Tatsache muß also sein, daß ein erfolgreicher Fußballspieler neben seiner Dribbeltätigkeit auch noch möglichst glaubhaft zu sterben hat. Und das nach Möglichkeit im Strafraum.

Schau- und Fußballspieler sind beides Berufe, die ein gewisses Talent benötigen; allein mit Fleiß geht da nichts. So kennen wir Fußballspieler, die könnte man im Strafraum öffentlich erdolchen: Sie würden höchstens die gelbe Karte des Schiedsrichters zu sehen bekommen — wegen bewußter Irreführung. Diesen Menschen kann man kaum helfen, weil sie absolut untalentiert sind. Zu ihnen zählen wir besonders die körperlich hochgewachsenen und sehr kräftigen Athleten-Typen — nicht einmal ein Provinz-Publikum nimmt ihnen einen ordentlichen Othello ab. Das liegt an ihrer körperlichen Überlegenheit: Wenn da ein kleiner Mann kommt und ihnen ein Bein stellt, so wirkt das absolut unglaubwürdig. Aus diesem Grund sind viele Fußballmannschaften mit bestem Erfolg dazu übergegangen, als Stürmer nur noch zierliche Männer mit höchstens einsfünfundsechzig Länge einzusetzen. Wenn diese Männlein umgelegt werden, sieht es sofort aus wie ein mittelschwerer Motorradunfall — dabei fallen sie bereits bei stärkerem Luftzug. Falls das im gegnerischen Strafraum geschieht, kann sich die Folgen jeder Fachmann ausmalen.

Grundsätzlich sollte man hier einfügen, daß blonde Spieler seltsamerweise schöner fallen als schwarzhaarige. Die Gründe für dieses Phänomen sehen wir im unterschwellig verankerten Mythos der Nibelungensage, der besonders im mitteleuropäischen Raum starken Einfluß besitzt. Ein blonder Siegfried eignet sich als Held, selbst mit dem Speer im Rücken, weitaus mehr als ein dunkler Hagen von Tronje.

Siegfried gilt in der Tat als der ideale Sterbende in der Parallele zum Fußball, weil er gefällt wird wie ein Baum — um das einmal so blumig auszudrücken. Hamlet, Othello oder auch Romeo gelten auf der Bühne zwar ebenfalls als sehr dekorative Leichen, es läßt sich aber bezweifeln, ob ihre Wirksamkeit als Vorbild für das Fußballspiel gelten kann. Das liegt alleine daran, daß sie ihren Tod oft über Gebühr ausdehnen. Kein dramaturgisch geschulter Schiedsrichter kann einen Elfmeter geben, wenn der Held eine Viertelstunde lang stirbt — das muß ruckzuck gehen. Aus der Trivial-Literatur könnte man als Beispiel noch Winnetou anführen: Sein Dahinscheiden aufgrund einer Schußwunde ähnelt da stark dem Sterben von Siegfried — und das, obgleich er ja ein Indianer ist und die Erfahrung lehrt, daß man den Tod von Farbigen nur ungern zur Kenntnis nimmt.

Von der Theorie zur Praxis: Im ersten Ausbildungsabschnitt ist es unabdingbar, den Fußballspielern die bei Fallschirmjägern und Bodenturnern erprobte Bodenrolle beizubringen. Ausgezeichnete Erfolge lassen sich bei der Hechtrolle erzielen, wenn sie über mehr als sechs auf dem Boden kauernde Mannschaftskameraden hinweg durchgeführt wird. Warum keine Prämien schon hier?

Anders ist die Position ‚gefällter Baum‘, wo Anleihen aus dem Judosport zu machen sind — Fallübungen gehören zur Grundausbildung jedes Judokämpfers. Während bei der Boden- oder Hechtrolle das Erstaunen des Volkes auf den Rängen durch möglichst oftmalige Abroller hervorgerufen wird, geht es beim Fallen vor allem um den möglichst weiten Rutscher. In der etwas prosaischen Fachsprache sagen wir dazu, er sei auf die Schnauze gefallen; bei feuchtem Boden ist der Gleiteffekt des Rasens ungleich größer, so daß Leistungen über viele Meter zu erzielen sind.

Beiden Übungen gemeinsam ist der Schmerzensschrei, dessen Überzeugungskraft mit der Lautstärke wächst. Ich nenne hier immer wieder gerne die populären Beispiele aus der Filmindustrie und hier vor allem die schicksalshaften Sterbeszenen in Berg- und Kriminalfilmen. Der Schrei eines Mannes, der nach heimtückisch gerissenem Seil in den Abgrund stürzt oder mit gleichem Resultat rückwärts aus dem achtundvierzigsten Stockwerk gekippt wird, läßt sich relativ leicht erlernen und ist auch für hörgeschädigte Schiedsrichter selbst über weitere Distanzen gut vernehmbar. Seit der Einführung des Zooms bei Fernsehkameras darf der dieserart Gestorbene nach seinem Tode keineswegs mehr lächeln, da das die Glaubwürdigkeit stark reduziert.

Natürlich sind meine Ausführungen bis hierher lediglich als simple Anfangsgründe zu verstehen, aus denen sich bei intensiverer Probenarbeit über längere Zeit hinweg Dramen entwickeln lassen, von denen sich der Normalsterbliche kaum Begriffe zu machen vermag. Lassen Sie mich dazu nur ein Beispiel anführen, welches in Aufbau und Durchführung durchaus mit dem Theater des klassischen Griechenlands zu vergleichen ist.

Wir stellen uns hier einen Abwehrspieler vor, der mit der Schnelligkeit des gegnerischen Stürmers die allergrößten Schwierigkeiten hat. Was tut dieser Abwehrspieler über kurz oder lang? Richtig — er stellt dem Stürmer ein Bein und bekommt dafür die gelbe Karte gezeigt, zumindest. Bis hierher ist das also eine Nullachtfünfzehn-Geschichte mit einem ganz gewöhnlichen Foul. Der im klassischen Griechenland gebildete Abwehrspieler indessen setzt die Geschichte nach seinem Foul auf raffinierte Weise fort. Er eilt zu seinem am Boden liegenden Gegner voller Mitleid und Nächstenliebe — er versucht gar, ihn wieder aufzurichten, wobei er ihn mit aller zur Verfügung stehenden Kraft in die Brust-, Bauch- oder Rippenpartie kneift. Der Stürmer, durch seinen unsanften Fall sowieso bereits in einer verständlichen Streß-Situation, wird durch den Kneif-Schmerz von einem plötzlichen Adrenalinstoß heimgesucht — er springt auf und schmiert dem Abwehrspieler eine ganz gehörige, wobei dieser mit einem Schmerzenslaut (siehe oben) zusam-

menbricht. Laut Regel wird diese verständliche Reaktion des Stürmers als Revanchefoul geahndet, und zwar mit einer Disqualifikation. Das hat zur Folge, daß der Abwehrspieler den Rest der Spielzeit mehr Freiraum in seinen Aktionen besitzt. Ich erlaube mir, diese Szene als das ‚perfekte Foul‘ zu bezeichnen. Gleichzeitig möchte ich darauf hinweisen, daß ich die Szene mit einem Gebrauchsmusterschutz belegte – bei Benutzung ist ein entsprechender Betrag zu überweisen.“

So weit das kaum gekürzte Referat des begabten Regisseurs Sim Kair aus Sensenheim an der Sense, der sich ein beträchtliches Zubrot als dramaturgischer Berater des Fußballklubs in der nächsten größeren Stadt verdient. Wenn wir nächsten Samstag um halb vier ins Stadion gehen, wird uns nach dem Studium seiner Ausführungen vieles verständlicher erscheinen.

Die Vertreibung
aus dem Paradies
oder
Mit Äpfeln
hat das nichts zu tun

Mit Miroslaw Kareit, einem alten Freunde, geriet ich kürzlich in eine Diskussion, deren Inhalt man unmöglich für sich behalten kann, weil er dazu angetan ist, die bisher als gültig geltende Geschichte der Menschheit auf den Kopf zu stellen. Ich weiß nicht mehr genau, wie wir darauf kamen, aber auf einmal sprachen wir über das ausgefallene Thema der Vertreibung von Adam und Eva aus dem Paradies. Eines darf ich gleich vorausschicken: Herr Kaleit hält die Theorie eines gewissen Mr. Darwin und seinen Affen nicht nur für unchristlich, sondern im höchsten Grade auch für unappetitlich, worin ich ihm nach einigem Nachdenken gerne beipflichte. Herr Kaleit bestreitet allerdings auch die häufig publizierte Vermutung, nach der jene Vertreibung etwas mit einem durch eine Schlange dargebotenen Apfel zu tun haben soll – ausgerechnet einem Lurchtier, von dem jedermann weiß, daß es selten zur vegetarischen Lebensweise neigt.

Die Theorie des Miroslaw Kaleit hört sich wie folgt an: „An der Vertreibung kann nur der Sport schuld sein, sonst nichts. Der Garten Eden war ein Paradies, wie man weiß. Hat man aber bereits jemals davon gehört, daß es in einem Paradies zu sportlichen Auseinandersetzungen gekommen sei? Nein! Denn überall dort, wo man von paradiesischen Zuständen spricht, ist niemals die Rede vom Sport. In der Südsee nicht, im brasilianischem Urwald nicht, auch nicht bei den Eskimos!"

Ich wurde aufmerksam: „Und wie, lieber Freund, glauben Sie, daß Adam und Eva ausgerechnet durch die Leibesertüchtigung vertrieben wurden? Meines Wissens gründeten sie ja keinen Verein!"

Miroslaw Kaleit lächelte: „Das ist doch ganz einfach. Die beiden lebten dort im paradiesischen Frieden, bis an einem schönen Nachmittag ein Omnibus eintraf, in dem sich ungefähr dreißig Sportsachverständige befanden. Diese gelehrten Herren besichtigten das Gelände des Paradieses und waren ganz begeistert davon, so daß sie spontan beschlossen, hier ungefähr dreihundert Kilometer Trimm- und Joggingpfade einzurichten, die man bei einer eventuell zu erwartenden Eiszeit auch als Langlaufloipen nutzen könnte. Adam protestierte sofort und brachte die Leute vor das höchste Gericht, aber Gottvater beruhigte ihn und meinte, es bliebe ja immer noch genügend Platz für ein ausreichendes Paradies. Er meinte auch, Adam solle sich nicht so haben – wobei wir davon ausgehen, daß diese letztere Äußerung Adam ganz besonders kränkend empfinden mußte!"

Ich wurde neugieriger: „Und wie ging es weiter?"

Kaleit: „Natürlich hatten Adam und Eva in der Tat noch ausreichenden Platz für ihr Paradies und das entsprechende paradiesische Leben – das hatte der oberste Richter ganz richtig erkannt. Aber eines Tages gab es eine Anfrage im Parlament, wie es denn möglich sei, daß zwei Menschen alleine für sich ein ganzes Paradies in Anspruch nehmen könnten. Das sei im höchsten Grade unsozial, um nicht zu sagen, eine Sauerei. Und weil gerade Wahlkampf war und die Opposition lauthals das Paradies für alle forderte, gestattete die Regierung nicht nur den Bau von hundertfünfzig Tennisplätzen, dreißig Schwimmbädern und vierzehn Freizeitsportanlagen mit Dreifachturnhalle, sondern stellte dafür sogar die finanziellen Mittel zur Verfügung. Adam vermochte nur mit Mühe die emporquellenden Tränen seiner Eva zu stillen und rannte spornstreichs zu Gottvater, um sich bitterlich zu beschweren – derartiges war damals noch auf dem direkten Weg ohne Überwindung eines Vorzimmers möglich. Adam meinte, was zuviel ist, ist zuviel, und das ganze Paradies würde wegen des Sports zum Teufel gehen – eine Äußerung, die ein wenig zu weit ging, worauf Adam sich auch sofort entschuldigte. Aber der oberste aller Richter beschied Adam in seiner unendlichen Weisheit abweisend. Er solle doch Verständnis aufbringen für das Wohl der Allgemeinheit. Außerdem sei der Garten Eden ja immer noch groß genug als Paradies für Adam und seine rippengeborene Genossin – paradiesische Zustände könne man auch auf kleinem Raum haben!"

Ich platzte vor Neugierde: „Und wie kam es nun zur Vertreibung der beiden?"

Miroslaw Kaleit nickte: „Das geschah im Herbst, als Adam und Eva in ihrem Restparadies gerade bei der Apfelernte waren – ein Hinweis, aus dem sich vielleicht die Legende von dem Apfel und der Schlange ableiten läßt. Die beiden waren also gerade dabei, sich einen Wintervorrat anzulegen, wobei sie in aller Muße kontrollierten, ja kein angeschlagenes Obst zu lagern, welches schneller verdirbt – ausgerechnet in diesem Augenblick fuhren plötzlich fünf schwarze Limousinen vor, aus denen knapp zwei Dutzend gutgekleideter und wohlgenährter Herren entstiegen. Sie nahmen Adam und Eva kaum zur Kenntnis, sondern besichtigten das Gelände und fanden es sehr reizvoll. Sie sprachen von Stadien, Hallen, Schwimmbädern, Infrastruktur, Elektronik, Hotels und Hochhäusern, die man später zu Eigentumswohnun-

gen umfunktionieren könne. Adam stand da zunächst nur abseits und lauschte, aber als Eva ihn ganz energisch aufforderte und einen elenden Feigling nannte, der sich nie etwas zutraue, ging er doch hin und fragte, was man denn hier vorhabe. Einer der Herren erwiderte leutselig, daß man daran dächte, ausgerechnet an diesem Ort die Olympischen Spiele zu veranstalten. Adam bedankte sich für diese Auskunft, weil er sich darunter zunächst einmal nichts vorstellen konnte, aber Eva legte sich sofort nieder und behauptete, unter Migräne zu leiden. Es ist anzunehmen, daß es sich dabei lediglich um eine Magenverstimmung nach dem Genuß unreifer Äpfel handelte — oder um eine Reaktion, wie sie im Frühstadium der Schwangerschaft nicht eben selten ist. Adam geriet über diesen Ärger aber so in Wut (vor allem auch, weil er den Rest der Apfelernte nun alleine besorgen mußte), daß er sich Transparente und Schilder malte, auf denen er seinen Protest an die Bäume nagelte. Daraufhin wurde er von einer Kompanie der himmlischen Heerscharen wegen Umweltverschmutzung einvernommen und langen Verhören unterzogen, die aber nicht viel einbrachten. Nach der Entlassung versuchte Adam verschiedene Male, erneut bis zum obersten Richter vorzudringen, aber das war im Laufe der Zeit immer schwieriger geworden. Der oberste Richter ließ Adam nur wissen, daß er die ewige Streiterei satt sei — Adam solle endlich einsehen, daß das wirkliche Paradies erst erreicht sei, wenn jedermann die Gelegenheit habe, Sport zu treiben!"
Ich zu Kaleit: „Na und — wie weiter?"
Miroslaw Kaleit zuckte mit den Schultern: „Adam packte Koffer und die leidende Eva, dann buchte er einen Flug zu den Galapagos-Inseln. Haben Sie schon einmal gehört, daß dort einer Sport treibt?"

Wie man Spannung macht
oder
Spielersitzung

Ort der Handlung: Konferenzzimmer im Klubhaus eines erfolgreichen Fußballvereins. Anwesende: Fünfzehn Spieler, ein Trainer, ein Schatzmeister. Stimmung: Vor einem Europapokalspiel.

Trainer: „Wir werden haben eine sehr schwere Gegner und werden aus Abwehr spielen verstärkt. Nix stürmen ist taktisches Meisterstück bei auswärts und bringt guter Position bei Rückspiel wegen Spannung für Zuschauer."

Erster Spieler: „Entschuldigung Trainer – ich habe gelesen, daß unser Gegner auf dem vierzehnten Platz steht, sollen also ziemliche Krampen sein. Vielleicht können wir dort schon einen ausreichenden Vorsprung erzielen, dann können wir zu Hause viel freier spielen . . ."

Schatzmeister: „Ich darf mich hier vielleicht einmal einschalten. Zunächst weise ich im Namen der Vorstandschaft mit allem Nachdruck darauf hin, daß wir die Spieler nicht zum Lesen bezahlen, sondern zum Spielen. Und was den Gegner anbetrifft – er hat immerhin schon zweimal den Europapokal gewonnen!"

Zweiter Spieler, maulend: „Aber das ist immerhin schon zwanzig Jahre her, sollen wir uns deswegen vielleicht in die Hosen machen? Ich bin der Meinung . . ."

Schatzmeister, streng: „Bei aller Liebe zur Mitbestimmung und Demokratie möchte ich auch im Namen der Vorstandschaft hier zum Ausdruck bringen, daß wir es gar nicht gerne haben, wenn hier einer eine Meinung hat. Deswegen werden wir mit einer verstärkten Abwehr antreten und höchstens Unentschieden spielen!"

Dritter Spieler, artig: „Aber es könnte doch vielleicht durch einen dummen Zufall passieren, daß wir verlieren. Dann müssen wir auf eigenem Platz wieder hinter dem Rückstand herlaufen, und so etwas kann ja auch schiefgehen. Ich denke mir . . ."

Schatzmeister, barsch: „Das Denken überlassen Sie besser der Vorstandschaft, die in kluger Weitsicht auch für Ihr Einkommen sorgt. Und was ein Gegentor angeht, so darf ich Ihnen verraten, daß das Präsidium einstimmig beschlossen hat, nichts gegen einen Rückstand von einem Tor einzuwenden. Da sich dadurch die Zuschauerzahl zu Hause erhöht, wären wir sogar bereit, dafür eine Extraprämie zu zahlen!" (Allgemeines zustimmendes Gemurmel).

Vierter Spieler, Star der Mannschaft: „Wenn ich auch mal etwas sagen dürfte. Wenn ich also zwei von den Flaschen dort umspielt habe und frei vor dem Torwart stehe — soll ich dann vielleicht nicht draufhauen?"

Schatzmeister, zurückhaltend: „Verehrter Herr, bei Ihrem zweifellos begnadeten Können wird es Ihnen ein Leichtes sein, den Ball so zu treten, daß der Torwart mit einer schönen Parade erfolgreich ist. Oder Sie kicken das Ding gegen den Pfosten — in der Zeitung wird man Ihnen bescheinigen, daß Sie Pech hatten, und das tut Ihrem Ruhm keinen Abbruch!"

Erster Spieler, nachdenklich: „Aber wenn ich nun im Gewühle angeschossen werde und der Ball springt zufällig ins Tor?"

Schatzmeister, am Ende seiner Geduld: „Menschenskind, verstehen Sie denn nicht?! Sie sollen nicht vorne im Gewühle stehen, sondern hinten für Spannung sorgen! Ist das klar?!"

Dritter Spieler, immer noch artig: „Welche Spannung, bitte?"

Schatzmeister, schier platzend: „Zunächst einmal muß ich auch Ihnen im Namen der Vorstandschaft sagen, daß ich solche impertinente Fragerei nicht ausstehen kann — schon gar nicht, wenn ich daran denke, daß Ihr Vertrag demnächst ausläuft. Wer will gerade Sie zum Beispiel denn noch sehen, wenn auswärts schon dreinull gewonnen wurde? Nulleins oder einseins — das bringt Spannung, und Spannung bringt Zuschauer, klar?"

Vierter Spieler, Star der Mannschaft: „Ich habe kapiert — wäre es vielleicht möglich, daß ich ein bißchen verletzt werde? Dann könnte ich vorher abreisen und noch schnell eine Autogrammstunde . . ."

Schatzmeister, begeistert: „Eine glänzende Idee! Endlich einer, der begreift, worum es hier geht. Sie lassen sich dann gegen den Dingsbums auswechseln — der Trainer weiß schon, wie der heißt. Ich glaube, ich darf Ihnen schon jetzt im Namen der Vorstandschaft meinen ganz persönlichen Dank aussprechen, wenn Sie alle dort Unentschieden spielen oder höchstens mit einem Tor verlieren. Ich kann Ihnen allen versprechen, daß wir im Präsidium nichts dagegen haben, wenn Sie den anderen im Rückspiel den Kasten vollhauen — das spricht nur für den richtigen Geist in der Mannschaft. Dann können wir auch über die Autogrammstunden reden!"

Der Trainer, energisch: „Also taktisches Rezept für Spiel ist klar, müssen streng daran halten, gehen nix schief, wenn jeder Aufgabe seinige erfillt. Damit schließe ich Spielersitzung. Ich danke Ihnen, meine Herren!"

Ende einer Eishockey-Karriere
oder
Slapshot mit Folgen

Es soll überhaupt nichts gegen das Schwimmen gesagt werden, dessen gesundheitliche Werte angeblich in der Stärkung der Muskulatur und des Rückgrats bestehen. Aber selbst ein begeisterter Schwimmer wird zugeben müssen, daß die größte Spannung beim Schwimmen darin liegt, ob man ertrinkt oder nicht. Deshalb mag ich den kleinen See am liebsten im Winter, wenn er knackig zugefroren ist. Auf dem Eis sind nämlich weitaus unterhaltsamere Formen der körperlichen Ertüchtigung möglich, als im Wasser.

Nehmen wir nur einmal jene Herrschaften, die zur Walzermusik eines abgestellten Plattenspielers auf ihren Schlittschuhen die graziösesten Figuren drehen, was ein sehr schönes Bild abgibt. Oder jene anderen, die weit vornübergebeugt immer wieder um den See rasen, als müßten sie unbedingt einen wahnsinnigen Rekord erreichen. Oder auch die Eisstockspieler, die zunächst mit Schaufel und Besen ihre rutschige Kegelbahn polieren. Allen gemeinsam ist die Bereitstellung kräftigender Heißgetränke, die auf einem mitgebrachten Schlitten zum alsbaldigen Verzehr abgelegt werden. Beim Schwimmen im Sommer gibt es höchstens Limonade.

Ich bevorzuge in diesen frostigen Wochen mehr das Eishockeyspiel, mit dem auf dem See tagtäglich die wildesten Meisterschaften auf mehreren Feldern ausgetragen werden. Wahrscheinlich liegt das auch an lange verdrängten Erinnerungen: Auf den überschwemmten und dann gefrorenen Wiesen am Ufer des Pregel-Flusses, die man heute der Union der sozialistischen Sowjetrepubliken zurechnet, spielten wir mit gebogenen Stöcken und benutzten rasch geraubte Fahrradklingeln als Puck, weil man die auch in der Dunkelheit noch zu hören vermochte; ich weiß noch unseren Mittelstürmer namens Kasimir Abrolat, der seinerzeit als ein gewaltig antrittsschneller Spieler galt und ein so feines Gehör entwickelte, daß er den klingelnden Puck noch mit geschlossenen Augen traf. Von Abrolat stammt auch eine feine Narbe über der linken Augenbraue als Folge einer tollkühnen Rettungstat. Sonst kann ich aber nichts Nachteiliges über ihn berichten.

Ich gebe gerne zu, daß ich angesichts der Eishockeymeisterschaften auf unserem kleinen See einem halbwüchsigen Sohn so lange mit Geschichten über rasante Dribblings, harte Bodychecks und fürchterliche Schüsse auf die Nerven ging, bis er seine Mutter überredet hatte, mir beim nächsten Weihnachtsfest ein Paar Schlittschuhe zu schenken. Diese Tat, der wohl auch eine gewisse Vorschadenfreude zugrundelag, führte zur Neuaufnahme einer längst beendeten Karriere. Zu Beginn habe ich geglaubt, man würde meine läuferische Eleganz, die schneidige Stockführung und die spielerische Intelligenz besonders schätzen. Eines Abends aber hörte ich, wie jener erwähnte Knabe seinen Altersgenossen zusprach: „Laßt ihn doch mitmachen, wenn er unbedingt will. Erstens stiftet er uns richtige Pucks, die sowieso laufend verloren gehen — zweitens gibt er Cola und Würstchen aus, wenn wir gewonnen haben — und drittens ist er nach einer Stunde so kaputt, daß er sowieso aufhört!"

Ich schwankte ein Weilchen zwischen Empörung und Stolz über diese Logik und entschied mich dann fürs Nichtgehörthaben. Am nächsten Tag habe ich eine ganze Schachtel dieser schwarzen Hartgummi-Camemberts gekauft und dazu auch gleich noch drei Schläger, weil die ja immer so schnell kaputtgehen.

Einem Eishockey-Laien sollte man vielleicht hier mitteilen, daß das Spielen mit dieser schwarzen Pille kaum vorbestimmt werden kann, weil sie rutscht, kullert, hüpft und manchmal plötzlich liegenbleibt, so daß man mit vollem Tempo daran vorbeifährt. Wenn es einige Male getaut, geschneit, geregnet und wieder gefroren hat, ist es außerdem sehr schwierig, ein technisch sauberes Spiel aufzuziehen. Immerhin gelang mir ein sehr schönes Tor — um der Wahrheit die Ehre zu geben: Ich stolperte und fiel auf das Eis, was ungefähr so angenehm war, wie der Fall auf einen Haufen Feldsteine; zufällig hielt ich den Schläger vor mich und genauso zufällig prallte das schwarze Ding davon ins Tor.

Das allgemeine Lob und die Anerkennung meiner ungefähr drei Jahrzehnte jüngeren Mannschaftskameraden ließen mich nicht nur den Schmerz vergessen, sondern weckten eine besondere Euphorie, die zu größeren Taten anspornte. Ich erkläre mich zu einem Schwur bereit, daß ich drei meiner etwas leichtgewichtigeren Gegner nur durch raffinierte Körpertäuschungen und verwirrende Stocktechnik austrickste — ich schwöre das, obgleich mir später von irgendwelchen Ignoranten versichert wurde, ich hätte die armen Kinder brutal niedergewalzt. Auf jeden Fall achtete ich nicht des Protestgeschreis hinter mir, sondern fuhr, den Puck eng am Schläger führend, rasant auf das gegnerische Tor zu, welches, durch zwei in das Eis gesteckte Äste kenntlich gemacht, kaum zu verfehlen war.

Als ich zu einem mörderischen Slapshot ausholte, sollen laut Aussage glaubwürdiger Zeugen verschiedene Dinge gleichzeitig geschehen sein. Jener mehrmals erwähnte Knabe erklärte beim Abendessen, ich sei der einzige und erste Eishockeyspieler aller Ligen dieser Welt, der sich ohne Feindeinwirkung mit dem eigenen Schläger die Augenbraue aufschlitzte – übrigens genau dort, wo sich bisher die exklusive Narbe vom Stock eines gewissen Kasimir Abrolat befand, von dessen Ergehen nichts überliefert ist.

Es soll zunächst nicht besonders hübsch ausgesehen haben, weil um Contenance bemühte Herren mit aufgeschlagenen Augenbrauen nie einen besonders gepflegten Eindruck hinterlassen. Aber das Heftpflaster verleiht meinem Gesicht jetzt etwas Verwegenes, wie man es von Helden in Piratenfilmen her kennt. Einen Moment lang habe ich sogar überlegt, meine Eishockey-Karriere endgültig zu beschließen – man sollte immer auf dem Höhepunkt abtreten. Aber als die Mutter des Knaben vorschlug, wir sollten vielleicht auch besser einen Plattenspieler aufs Eis stellen und zu schwungvoller Walzermusik kapriziöse Figuren drehen, habe ich lauthals protestiert. Was weiß eine Frau schon von Eishockey . . .

Warten auf den anderen
oder
Katze auf dem Tennisplatz

Ein Ball ist aus der großen Tasche gerollt, die ich neben die Bank stellte. In der Tasche sind neben den Bällen noch drei Schläger, weil kein richtiger Tennisspieler zu einem Match mit nur einem Schläger geht. Obgleich mir noch nie eine Saite während des Spiels zersprungen ist, beherzige ich diese Regel. Der andere, dem diese Verabredung galt, ist noch nicht da. Deshalb setze ich mich auf die Bank in der Sonne neben dem Tennisplatz und schaue dem Ball nach, der ganz leise davonrollt, bis er dort liegenbleibt, wo das Netz in der Mitte im Boden festgezurrt ist.

Es hätte des sanften Streichelns an den Waden nicht bedurft, um zu spüren, daß ich nicht mehr allein bin. Mit der Katze Simba verbindet mich seit mehreren Jahren ein Gefühl, welches weit über alles hinausgeht, was normalerweise zwischen Menschen und Katzen an Gefühlen möglich ist. Deswegen ist das Vorbeistreicheln an den nackten Waden unter der Bank auch nicht unbedingt so zu verstehen, daß hier jemand kommt und grob meint, da bin ich. Es ist vielmehr eine kleine Zärtlichkeit — so wie es Menschen zu Beginn eines Flirts tun, wenn die Berührung der Fingerspitzen Vertrautsein meldet. „Hallo Simba!", sage ich leise, aber Simba schreitet mit der hochbeinigen Arroganz der Siamesin bin an das andere Ende der Bank, wo sie sich niedersetzt und damit beginnt, ihre Pfote zu lecken. Ich sage: „Jetzt tu doch nicht so, als wärst Du nur hergekommen, um Deine Pfote zu lecken. Du wolltest doch zu mir!" Aber Simba leckt ihre Pfote mit einer Aufmerksamkeit, die geradezu beleidigend wirken kann, wenn man genau weiß, der andere sitzt nur zwei Meter daneben und möchte sich unterhalten. Nur die Ohren hat sie nicht ganz in der Gewalt, denn sie drehen sich nach hinten, um zu hören, was ich ihr sage. Simba bezeugt Interesse durch Ignoranz.

Während sie mit der einen Pfote fertig zu sein scheint und die andere bereits zur Wäsche hebt, verharrt sie plötzlich in der Bewegung — so, als habe sie soeben etwas entdeckt, was über alle Maßen der gespannten Konzentration bedürfe. Niemand vermag sich solchem Starren zu entziehen — ich versuche, ihrem blauen Blick zu folgen, der jenseits des Platzes etwas entdeckt zu haben scheint, was wichtiger als das Wichtigste der Welt ist, aber dort ist nichts. Oder höchstens der Zaun und dahinter der Kartoffelacker, zwischen dessen Stauden sich immer viele Bälle verlieren, die sich sofort in Kartoffeln verwandeln, und deshalb bis ans Ende aller Tage unauffindbar bleiben.

„Was siehst Du denn dort?“, frage ich und meine Stimme löst den starren Zauber; sie beginnt mit der sorgfältigen Säuberung der anderen Pfote. Dann springt sie federnd von der Bank und bewegt sich mit der lasziven Eleganz aller Exoten zur Grundlinie, wobei sie es vermeidet, die weißen Linien zu betreten. Von mir hat sie außer jenem kleinen Streicheln vorhin immer noch nicht Notiz genommen. Ich würde gerne aufstehen und ihr folgen, um die kleine Zärtlichkeit zu erwidern, aber ich weiß: Sie wird einen kleinen Satz machen, wenn die Hand nur noch wenige Zentimeter von ihrem braunen Fell entfernt ist.

Simba geht die Seitenlinie herunter und biegt dann links die Grundlinie ein, bis zu jenem Punkt, von wo die Spieler ihren Aufschlag vollführen. Dort setzt sie sich hin und blickt in Richtung des Netzes. Ich habe selbst in den berühmtesten Tennis-Stadien der Welt nie jemanden gesehen, der auf solche aufreizend überlegene Art und Weise diesen Weg von der Bank beim Seitenwechsel bis dorthin zurückgelegt hat, wo man mit dem Aufschlag das Spiel eröffnet.

Doch mit einem Male ist ihre vornehme Haltung, die niemals in die Nähe des Gravitätischen gerät, verschwunden. Sie tänzelt auf das Netz zu, den Rücken und den Schwanz leicht gekrümmt, und als sie kurz vor dem Ball ist, der vorhin dort hinrollte, unternimmt sie gar einen verrückten Hüpfer, bei dem sie dem runden Filzding eher zufällig einen kleinen Schubs verleiht, daß es einen oder zwei Meter weiter kullert. Jetzt liegt der Ball mitten im linken Aufschlagfeld und Simba blickt angelegentlich in eine andere Richtung, als würde sie sich genieren, einen Augenblick lang ihre Würde an so etwas Lächerliches verschwendet zu haben, wie es ein Tennisball ohne Zweifel ist. „Simba“, sage ich, „spiele ruhig weiter — ich werde es niemand verraten, daß Du Dich mit solch kindischen Spielereien abgibst!“ Worauf sie sich niederkauert und mit allen vier Pfoten im Boden scharrt, urplötzlich startet, über den Ball rast, ihn überholt, umkehrt, ihn in die Luft schleudert, selbst sich überschlagend das Ganze zwei-, dreimal wiederholt. Die Aktion dauert nur wenige Sekunden, und danach sitzt sie wieder starr da, schaut dem Kartoffelacker zu, keinen Blick zu mir oder gar dem Ball. Niemand vermag zu sagen, wie lange Simba so zu sitzen und zu schauen vermag — Minuten, Stunden.

Genauso unvermittelt, wie Simba kommt, geht, nichtachtet, spielt — genauso steht sie plötzlich auf und kommt direkt auf mich zu. Ohne überlegene Würde

jetzt, sondern mit hängendem Kopf, müden Schultern und schleppenden Schritten. Der Vergleich mag weit hergeholt sein: Fußballspieler streben auf diese Weise nach dem Schlußpfiff den Kabinen zu, wenn sie verloren haben – auch Tennisleute nach der Niederlage, wenn sie zur Mitte gehen, um dem anderen die Gratulation zu entbieten. Natürlich hat sie auch nicht den geringsten Grund, mir zu irgendetwas zu gratulieren. Simba setzt sich kurz vor meine Beine und blickt jetzt angestrengt nach rechts, wo selbstverständlich ebenfalls nichts ist, was der besonderen Aufmerksamkeit bedarf. Auch hier gibt es ein vergleichendes Bild: Menschen, die sich auf dem Bahnsteig verabschieden und sich nichts zu sagen haben, die nur denken, warum fährt der verflixte Zug nicht endlich – die schauen ebenfalls so zur Seite, wie Simba und ich es gerade tun. Ich sage: „Na Simba!" Sie blickt siamesisch blau, steht auf und stößt mir den Kopf gegen die Hände, die ich zwischen den Knien hängen habe, aber sie läßt nur ein ganz kurzes Streichen über den Rücken zu, das sie mit einem kleinen Schrei beantwortet, der bei Simba immer so klingt wie der Ausdruck eines winzigen Schmerzes. Dann geht sie mit hocherhobenem Schwanz, ohne sich auch nur einmal umzudrehen. Der Ball, der mir vorher aus der Tasche rollte, liegt jetzt wieder fast an der gleichen Stelle in der Nähe des Netzes.

Geschichten,
die das Leben schreibt
oder
Plagiate

Man sagt immer wieder, daß das Leben die schönsten Geschichten schreibt mit Pointen, die sich normalerweise kein Autor auszudenken getraut, weil ihn sein Verleger sonst spätestens morgen von der Honorarliste streicht. Um diesem Phänomen nachzugehen, habe ich eine ganze Reihe solcher Geschichten zu erforschen versucht, die das Leben schrieb. Dort habe ich sie abgeschrieben, und wenn man es jetzt ganz pingelig nimmt, sind es also Plagiate, die das Leben schrieb.

Die erste Geschichte geht so:

Es war einmal ein Mann, der ging jede Woche zum Pferderennen und entwickelte sich mit der Zeit zu einem ganz besonderen Experten auf diesem Gebiet. Er kannte jedes Pferd nicht nur schon von weitem durch die besondere Gangart, sondern auch dessen Vorfahren bis ins fünfundzwanzigste Glied. Außerdem war er vertraut mit den Trainern, die genau wußten, wann die Pferde ihre beste Form haben – mit den Jockeys hatte der Mann sogar ein ziemlich intimes Verhältnis, so daß er auch hier wußte, wenn was lief. So beschloß dieser Mann eines Tages, seine außergewöhnlichen Erfahrungen auch beim Wetten einzusetzen, weil er der Meinung war, dadurch sein Einkommen nicht unwesentlich zu verbessern. Er setzte sich also hin und rechnete eine ganze Woche die Leistungskurven der Pferde durch unter Berücksichtigung ihrer Vorfahren, der Tiefe des Geläufs, dem Lebensstandard der Trainer, dem Wetter und der Lauterkeit der Jockeys. So kam er ganz logisch zu einem eindeutigen Ergebnis, welches der Mann auf seinem Wettschein niederlegte. An dem Tag, an dem das Rennen stattfand, fand der Mann auf dem Sattelplatz seine Voraussagen alle bestätigt, und er machte sich auf den Weg, um den Schein am Wettschalter abzugeben. Er stolperte auf der Stufe zur Halle mit den Wettschaltern, brach den Knöchel und erlitt eine kleine Gehirnerschütterung. Als er aus der Bewußtlosigkeit erwachte, erfuhr er, daß die Dreierwette Einhundertfünfundzwanzigtausend für Zehn bezahlte, aber keiner seiner Tips richtig war.

Die zweite Geschichte geht so:

Es war einmal ein junges Ehepaar, das waren außerordentlich ordentliche Menschen. Der Mann arbeitete als Platzmeister in einem ziemlich vornehmen Tennisclub, und seine Frau hatte die Bewirtschaftung des Tennisclubhauses übernommen, wo sie sich einen hervorragenden Ruf ihrer Spiegeleier mit Speck wegen erwarb. Eines Tages war die Frau schwanger, wobei man lobend erwähnen muß, daß sie sich erst beim Einsetzen der Wehen davon abhalten ließ, die Gäste des Tennisclubhauses weiter mit Spiegeleiern mit Speck zu versorgen. So kam es zu einer allgemeinen Verspätung, und den beiden braven Menschen wurde ein herrlicher Knabe auf der Massagebank des Umkleideraumes der Damen im Tennisclubhaus geboren. Jedes Mitglied des Tennisclubs fühlte sich dem heranwachsenden Knaben deshalb besonders verbunden, und die Eltern erlebten mit Stolz, wie ihr Kind schon im Alter von vier Jahren große Anstelligkeit beim Auflesen der Bälle bewies. Als der Junge sechs Jahre alt war, erhielt er am ersten Schultag einen Tennisschläger geschenkt, mit dem er alsbald eine große Geschicklichkeit bewies, so daß der Tennisclubvorsitzende in seinem Tennisclubvorstand sich dafür einsetzte, dem Jungen Tennislehrerstunden geben zu lassen. Mit elf Jahren unterlag der Junge im Finale der Tennisclubmeisterschaften dem langjährigen Tennisclubmeister erst im Tie-Break des dritten Satzes, worauf er sofort in eine Förderungsgruppe des Verbandes aufgenommen wurde. Mit fünfzehn war der Junge bereits Bezirksmeister, er verließ die Schule, erhielt mehrere gut dotierte Firmenverträge und galt als die größte Hoffnung des Kontinents. Als der Junge zu einem jungen Mann von vierundzwanzig Jahren herangewachsen war, hatte er den hundertvierten Platz der Weltrangliste erreicht und übernahm die Stelle des Platzmeisters in diesem Tennisclub, nachdem sein Vater in Pension gegangen war.

Die dritte Geschichte geht so:

Es war einmal ein ruhmreicher Fußballklub, der hatte so ungefähr alles gewonnen, was man so gewinnen kann. Auch in diesem Jahr gehörte er wieder zu den Favoriten, und nach sechs Spielen stand er schon wieder mit elf zu eins Punkten an der Spitze. Da erlitt der Klub eine unverhoffte Niederlage beim Tabellenletzten, was noch nicht so schlimm gewesen wäre, weil die Verfolger auch alle unterlagen; leider zog sich aber der Torschützenkönig einen komplizierten Bänderriß zu, der ihn längere Zeit auf das Krankenlager warf. Nachdem man im nächsten Heimspiel gegen eine Mannschaft aus dem Mittelfeld nur ein Unentschieden erzielte und das darauffolgende Auswärtsspiel gegen einen der Verfolger verlor, stand die Mannschaft nur noch auf dem vierten Platz, worauf eine längere Diskussion ausbrach, ob es nicht besser wäre, den Trainer zu wechseln. Nach einem weiteren Unentschieden auf eigenem Platz schied man in der Tat im beiderseitigen Einverständnis und verpflichtete gleichzeitig einen der anerkannt besten Männer der Branche als neuen Trainer. Als die Saison vorüber war, ist der ruhmreiche Fußballklub aber trotzdem abgestiegen.

Die vierte Geschichte geht so:

Es war einmal ein junges Mädchen, die konnte schon in der Schule viel schneller laufen als alle anderen Mädchen. So kam es, daß man sie sehr bald entdeckte und einem speziellen Training unterzog, damit sie noch schneller laufen lernte. Sie gewann denn auch jedes Rennen in sehr guten Zeiten und galt als ausgesprochene Favoritin für die Olympischen Spiele. Aber vierzehn Tage vor der Eröffnungsfeier der Olympischen Spiele ließ sie wissen, daß sie eigentlich gar keine Lust hätte, Olympiasiegerin zu werden — sie werde heiraten und mindestens vier Kinder bekommen. Es fand sich allerdings kein Mann, der sie heiratete und die vier Kinder verursachte, so daß diese Geschichte doch als atypisch anzusehen ist.

Die fünfte Geschichte geht so:

Es war einmal ein junger Mann, der brauchte sich um nichts Sorgen zu machen, weil er aus einer sehr wohlhabenden Familie stammte. In seiner Freizeit entwickelte er sich aber zu einem der besten Segler der Welt, von dem man sagte, er könne den Wind riechen — außerdem kreuzte niemand so risikoreich und dennoch erfolgreich um die ausgelegten Tonnen. Der junge Mann war dazu noch sehr gescheit und vermochte die schnellsten Schiffe zu konstruieren, die die Welt je vor dem Winde sah. Eines Tages sagte der junge Mann zu seinem Vater, er hätte gern ein wenig Geld, um eine Yacht zu bauen, die den America Cup gewinnt wie nichts. Aber der Vater sagte, er fände es besser, wenn der junge Mann endlich in die väterliche Firma einsteigen würde. Daraufhin hörte der junge Mann mit dem Segeln auf und arbeitete im väterlichen Geschäft, wo er ebenfalls sehr erfolgreich war.

Die sechste Geschichte geht so:

Es war einmal ein älterer Boxer, der befand sich ziemlich auf dem absteigenden Ast. Da kam eines Tages ein böser Manager zu ihm und sagte, er solle gegen die aufstrebende Hoffnung boxen — allerdings müsse er sich spätestens in der dritten Runde hinlegen, damit die aufstrebende Hoffnung in ihrem Selbstbewußtsein gestärkt würde. Der böse Manager bot für dieses Hinlegen in der dritten Runde dem älteren Boxer einen Geldbetrag in Höhe von zehntausend Mark, aber der ältere Boxer weigerte sich, weil er einen solchen Betrug noch nie mitgemacht habe und auch nie mitmachen werde, obgleich er schon bessere Tage sah. Der böse Manager erhielt von dem älteren Boxer gar Prügel angeboten, als er den Betrag auf fünfzehntausend Mark erhöhte. Auf seltsame Weise kam dieser Kampf aber trotzdem zustande. Der ältere Boxer unterlag in der vierten Runde durch k.o. und hatte

Schwierigkeiten, mit der Gage von fünfhundert Mark die Arztrechnung zu begleichen.

Die siebte Geschichte geht so:

Es war einmal eine richtige kleine Eiskunstlaufprinzessin, die sprang nicht nur alles mindestens vierfach, sondern fiel auch nie hin. Sie sah richtig hübsch aus, und jedermann mochte sie gerne leiden, so daß sie bei ihrem ersten Start bei der Weltmeisterschaft gleich einen hervorragenden vierten Platz belegte. Alle Experten waren davon überzeugt, daß sie spätestens im kommenden Jahre Weltmeisterin werden würde. Aber dann zog sie sich auf dem kalten Eis eine Erkältung der Organe des Unterleibs zu und hörte mit dem Eiskunstlauf auf. In der Schule hatte sie gute Noten, und nach einem Biologiestudium wurde sie Lehrerin in einer Volksschule.

Die achte Geschichte geht so:

Es war einmal ein junger Fußballspieler in der Klasse der Zwölfjährigen, der in jedem Spiel mindestens zwei bis drei Tore schoß. Sein Traum war es, auch einmal in den Mannschaften mitzuspielen, die gegeneinander um die Meisterschaft antreten. Und ganz geheim dachte er daran, vielleicht sogar einmal in die Nationalmannschaft zu kommen. Natürlich wußte der Junge, daß man für solche großen Aufgaben ganz besonders viel trainieren muß, aber niemand konnte ihm richtig sagen, wie man so etwas anstellt. Da nahm er seinen ganzen Mut zusammen und schrieb dem Nationaltrainer seines Landes einen Brief, in dem er darum bat, die richtigen Anweisungen zu erhalten. Aber obgleich er einen ordentlich frankierten Rückumschlag beilegte, erhielt er keine Antwort.

Die neunte Geschichte geht so:

Es war einmal ein Radrennfahrer, der keiner von den ganz Großen war, aber doch einer von jenen, die hin und wieder im Spurt des Feldes einen guten neunten Platz belegen. Eines Tages platzte ihm bei einer Tour-de-France-Etappe ein Reifen, worauf er in hohem Bogen in den Straßengraben flog. Wie er da so liegt und schimpft, weil keiner in der Gegend ist, der ihm hilft, sieht er im Graben ein Armband mit bunten Steinen liegen. Er steckte es ein, und dann kam auch schon der Wagen mit den Ersatzreifen, so daß er sich bald an die Verfolgung des enteilten Feldes machen konnte. Als die Tour de France vorbei war und seine Frau bei der Wäsche das Armband in der Tasche fand, klärte der Radrennfahrer seine Frau auf, damit gar nicht erst ein Mißverständnis aufkam. Übereinstimmend waren beide der Meinung, daß es sich bei dem Schmuck um einen Talmi handeln würde — so gaben sie es dem Töchterchen zum Spielen. Nach einiger Zeit war sich die Frau des Radrennfahrers doch nicht mehr so sicher, und weil sie gerade nichts Besseres vorhatte, nahm sie den Schmuck und ging zu einem Juwelier. Der Juwelier untersuchte den Schmuck sehr lange und sagte dann, daß er in der Tat nichts wert wäre. Daraufhin ging die Frau nach Hause und ließ wieder das Töchterchen damit spielen.

Die zehnte Geschichte geht so:

Es war einmal ein Skifahrer, der hatte zwar eine ganze Reihe sehr schöner Erfolge aufzuweisen, fror aber immer so sehr bei diesem kalten Sport, daß er eine Stelle als Heizer auf einem Frachtschiff annahm, welches meistens im Golf von Kuwait kreuzt.

Die elfte Geschichte geht so:

Es war einmal ein Sportfunktionär, der sich eines Tages schwor, in seinen Reden nie mehr die Worte ‚hoffen‘, ‚wünschen‘ und ‚möge‘ zu benutzen. Aber er konnte es einfach nicht schaffen, ohne diese Worte auszukommen. Deswegen wurde er immer wieder gewählt und erreichte einen der höchsten Präsidentensitze, die es im Sport gibt.

Die zwölfte Geschichte geht so:

Es war einmal ein Sportreporter, dem es gelang, Wahrheit und Dichtung so phantasievoll miteinander zu verbinden, daß seine begeisterten Leser nicht mehr wußten, was nun Wahrheit und was nun Dichtung sei. Daraufhin warf der Sportreporter eines Tages seine Schreibmaschine aus dem Fenster des dritten Stockwerks seines Hauses und beschloß, ein Marathonläufer zu werden. Er rannte täglich mindestens zwanzig Kilometer, und als er sich in guter Form fühlte, startete er bei seinem ersten Marathonlauf. Aber nach acht Kilometern wurde ihm schlecht, und er mußte aufgeben. Da kaufte er sich eine neue Schreibmaschine und ging wieder seiner gewohnten Tätigkeit nach.

Kein richtiges Nachwort

In der etwas ausführlichen Einleitung zu diesem Band haben wir versucht, Zusammenhänge in der Geschichte des Sports zu deuten, die mit dem stillen Wirken eines Mannes zu tun haben, der unter dem Namen Kasimir Kaludrigkeit des öfteren identifiziert werden konnte. Die Frage, ob dieses stille Wirken auch immer ein segensreiches war, möchten wir dem Urteilsvermögen des geschätzten Lesers überlassen. Das ändert aber nichts daran, daß es der Aufklärung nur dienlich sein kann, wenn wir hier auch die bisher bekannten Pseudonyme des K. erwähnen; immerhin wäre es möglich, die wissenschaftlichen und historischen Forschungen anderer zu befruchten und zu erleichtern.

Der Einfachheit halber setzen wir die bei dieser Zusammenstellung aufgetretenen Namen des K. hier in ein alphabetisches Register:

Kasimir Abrolat	Sam Kaludri
Asim Aludri	Miroslaw Kaleit
Anton Alukeit	Imir Kaluk
Cosa Calidrutti	Karl L. Karigk
Karl Ludwig Drigkeit	Kallu Kasim
Sam Driluka	Karl Kasimir
Rimisa Dulak	Keith Kasimir
Richard Eiter	Ludrig Kasimir
Frau K.	Karl L. D. Keith
Drisaldo Gkeit	Karsten Krigk
Imi Igke	Kasi Kurinow
Kasimir Kadrigkeit	Konrad Ludri
Sim Kair	Kasi Mirka
Ulrich Kaiser	Dieter Rigkeit
Rich Kai	Ula Rimisak
Kasi ben Kalu	Simba
Kasimir Kaludrigkeit	Ludrig Simir
Konrad Kaludrigkeit	Rimis Tiekgirdulak
Udri Kaitka	Gustav Tiek
Keith Kaludri	Mirko Udrigk